KB263194

손안의
브레인

손안의 브레인

ⓒ 크리스토퍼 M. 스트레인지, 2013

초판 1쇄 인쇄일 2013년 3월 12일
초판 1쇄 발행일 2013년 3월 22일

지은이 크리스토퍼 M. 스트레인지   **옮긴이** 곽영직
펴낸이 김지영   **펴낸곳** Gbrain
편집 김현주
표지 디자인 김경일   **본문 디자인** 박혜영
마케팅 김동준 · 조명구   **제작 · 관리** 김동영

출판등록 2001년 7월 3일 제2005-000022호
주소 121-895 서울시 마포구 서교동 400-16 3층
전화 (02)2648-7224   **팩스** (02)2654-7696

ISBN 978-89-5979-234-4 (13470)

- 책값은 뒤표지에 있습니다.
- 잘못된 책은 교환해 드립니다.
- Gbrain은 작은책방의 교양 전문 브랜드입니다.

손안의 브레인

꼭 알아두어야 할 뇌에 관한 3000가지 사실들!

크리스토퍼 M. 스트레인지 지음　곽영직 옮김

Gbrain

contents

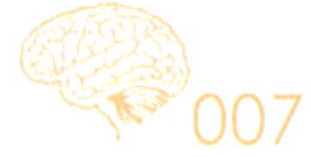

007 구조와 기능

029 시대에 따른 뇌의 이해

057 진화와 발전

085 뇌와 인식

117 뇌와 정신

145 뇌와 의식

구조와 기능

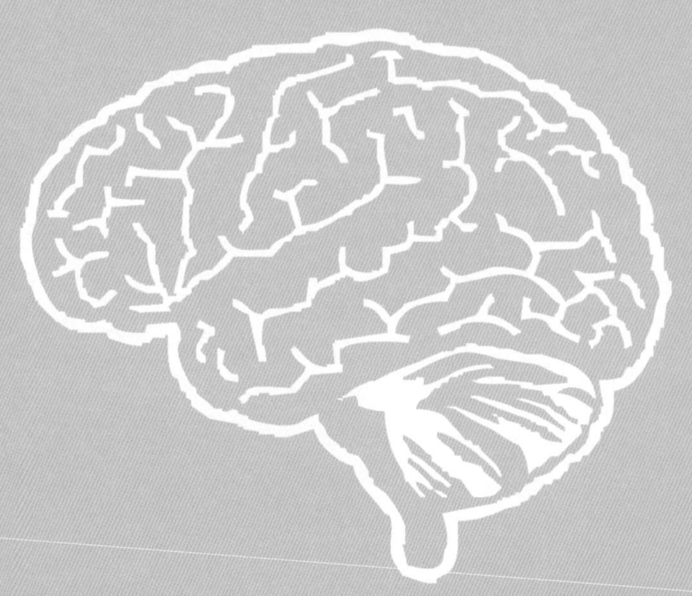

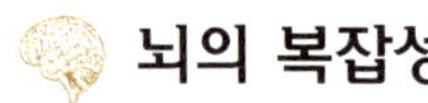 # 뇌의 복잡성

인간의 뇌는 우주에서 가장 복잡한 구조를 가지고 있다. 우리는 뇌를 이용하여 생각하고, 느끼고, 기억하며, 근육을 움직이고 균형을 유지한다. 잠을 자고, 꿈을 꾸며 다시 깨어나는 것도 뇌가 있기 때문에 가능하다. 뇌는 심장박동과 호흡을 조절하고, 체온을 유지하도록 한다. 보고, 듣고, 냄새를 맡고, 맛을 아는 것도 뇌에서 하는 일이다. 히포크라테스는 뇌에 대해 다음과 같이 말했다. "뇌로 인해 아니 단지 뇌만이 우리의 기쁨과 행복, 고통과 슬픔의 원인이며, 지혜와 이해 그리고 선과 악의 차이를 아는 지식의 근원이다."

뇌에 관한 사실
- '뇌'라는 단어는 기원전 약 1700년경 파피루스에 기록된 에

드윈 스미스^{Edwin Smith} 외과 문서에서 처음 사용되었다.

- 지금까지 기록으로 남아 있는 가장 무거운 인간의 뇌는 2300g이다.

- 알베르트 아인슈타인^{Albert Einstein}의 뇌 무게는 1230g이었다.

- 사람의 뇌 크기는 평균 140㎜(너비)×167㎜(길이)×93㎜(높이)이다.

- 뇌는 전체 몸무게의 약 2% 정도를 차지한다. 그러나 몸이 사용하는 산소의 20%를 사용한다.

- 뇌에 얼마나 많은 수의 뉴런(신경세포)이 포함되어 있는지에 대해서는 이론이 많다. 그러나 가장 일반적인 추정에 의하면 뇌는 약 1000억 개의 뉴런을 포함하고 있다. 이것은 은하 안에 포함되어 있는 별들의 수보다 훨씬 많은 수이다.

- 뉴런은 몸에서 가장 오래된 세포 중 하나이다. 실제로 우리는 일생 동안 사용하는 뉴런의 대부분을 태어날 때부터 가지고 있다.

- 만약 모든 뉴런을 일렬로 연결하면 그 길이는 약 1000㎞나 될 것이다.

- 사람의 몸에서 가장 긴 뉴런은 뇌에서 엄지발가락에까지 이르는 뉴런이다. 이 뉴런은 엄지발가락의 신호를 0.03초 안에 뇌에 전달한다. 이와는 반대로 가장 짧은 뉴런의 길이는 1/2000㎝ 정도이다.

뇌의 크기

동물 중에는 사람보다 더 큰 뇌를 가지고 있는 동물이 많다. 그러나 코끼리나 고래와 같이 커다란 뇌를 가지고 있는 동물들보다 인간의 지능이 더 높다. 이를 통해 뇌의 크기와 지능 사이에는 직접적인 연관관계가 없다는 것을 알 수 있다. 실제로 뇌의 크기는 동물의 몸집 크기와 연관되어 있어 몸집이 큰 동물일수록 뇌도 크다.

금붕어는 가장 작은 뇌를 가지고 있는 동물 중 하나로 뇌의 무게는 0.01g 정도이다.

동물의 뇌 크기 비교

동물	뇌 무게(g)	동물	뇌 무게(g)
향유고래	7800	호랑이	260
코끼리	4500	사자	250
사람	1500	양	175
기린	660	고양이	30
말	550	토끼	12
북극곰	500	기니피그	4

고릴라	500	고슴도치	3.2
소	450	쥐	2
침팬지	400	햄스터	1.5
오랑우탄	350	금붕어	0.01

 신경계

뇌는 신경계의 중심에 있으면서 우리 몸의 자동 메커니즘을 지배하고, 감각 기관이 받아들인 정보를 처리하며, 의사 결정을 하고, 근육의 운동을 통제한다. 또 우리 몸이 고통에 반응하도록 하는 등 다양한 일을 한다.

신경계는 두 개의 다른 부분으로 이루어져 있다.

중추 신경계(CNS): 뇌와 척수를 포함하며 대부분의 몸의 기능과 정신 작용을 지배한다.

말초 신경계(PNS): 중추 신경계 밖에 있으며 몸의 각 기관이 기능을 수행하도록 도와준다. 말초 신경계는 주로 신경세포인 뉴런으로 이루어진 신경섬유로 구성되어 있으며 척수와 몸의 각 부분을 연결해준다.

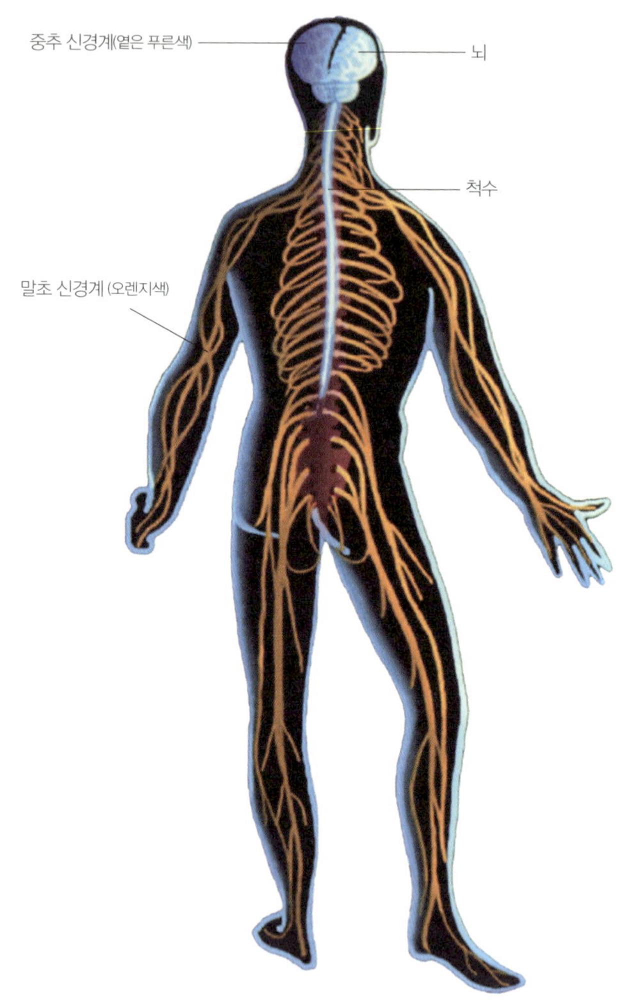

인간의 신경계. 뇌와 척수는 중추 신경계(CNS)를 구성하고, 중추 신경계 밖의 신경들은 말초 신경계를 이룬다.

뉴런

신경세포인 뉴런에는 크기와 무게가 다른 50종류 이상의 뉴런이 있다. 모든 뉴런은 다른 구조를 가지고 있다.

뉴런은 세포의 몸체인 세포체와 두 종류의 돌기(수상돌기와 축색돌기)로 이루어져 있다. 이 돌기들을 통해 뇌를 구성하고 있는 뉴런들은 신호를 주고받는다. 나무 모양의 수상돌기는 다른 뉴런으로부터 신호를 받아들이고, 긴 축색돌기는 인접해 있는 다른 뉴런으로 신호를 전달한다. 뇌는 1000억 개 이상의 뉴런으로 이루어져 있다. 하나의 뉴런은 수천 개의 다른 뉴런으로부터 신호를 받아들일 수 있다. 뇌의 복잡한 구조는 뉴런의 이런 복잡한 상호 연결 방식 때문이다.

✱ 토막지식

2007년 7월에 남자 공무원의 뇌를 조사한 프랑스 의사들은 뇌를 가지고 있지 않은 특이한 경우를 학계에 보고했다. 44세인 이 남성의 뇌를 스캔해 본 결과 그의 두개골은 대부분 액체가 가득 차 있는 공동이 차지하고 있었고, 뇌는 얇은 종이보다 조금 더 많은 정도뿐이었다. 지능 검사를 해본 결과 이 남자의 IQ는 75로, 이것은 평균 지능지수인 100보다는 낮은 것이지만 정신적으로 미숙하거나 장애가 있다고 할 수 있는 정도는 아니다.

뉴런은 서로 어떻게 통신할까?

뉴런들은 전기화학적인 방법으로 신호를 주고받는다. 신호를 주고받지 않을 때는 뉴런의 안쪽은 바깥쪽에 비해 전압이 낮은 상태이다. 이때 뉴런의 안과 밖 사이의 전압은 -70mV이다. 이 상태에서는 아무런 신호도 축색돌기로 전달되지 않는다. 전압이 일정한 임계 전압보다 낮아지는 경우에만 신호가 전달되며, 신호가 전달되는 과정은 다음과 같다.

- 뉴런의 수상돌기가 신호를 받아들인다.
- 신호를 받으면 양이온을 축색돌기와 세포체를 연결하는 축색구로 보낸다.
- 전체 전하가 임계 전압(-50mV)에 이르면 뉴런은 활동 전위를 발생시킨다.
- 그렇게 되면 양이온(나트륨 이온)이 뉴런으로 들어가 안과 밖의 전위차를 상쇄시킨다. 따라서 전하를 축색돌기 쪽으로 이동시킬 수 있게 된다.

시냅스 Synapse

뉴런은 시냅스를 통해 전하를 주고받는다. 시냅스는 축색돌기 끝에 있는 축색말단과 좁은 간극인 시냅스 간극, 그리고 신호를 받는 세포가 시작되는 부분인 시냅스후 수용기로 구성되어 있다.

축색말단에 활동 전위가 도달하면 소포체라고 불리는 작은 신경전달물질 운반체의 작용으로 뉴런의 신경전달물질이 시냅스 간극으로 흘러들어간다. 이 신경전달물질은 시냅스후 신경세포의 수용기에 작용하여 새로운 전기 신호를 만들어낸다. 이런 과정이 반복되면서 뉴런을 통해 신호가 전달된다.

신경전달물질

신경전달물질은 뉴런 사이를 통과하는 신호를 증폭시키거나 감

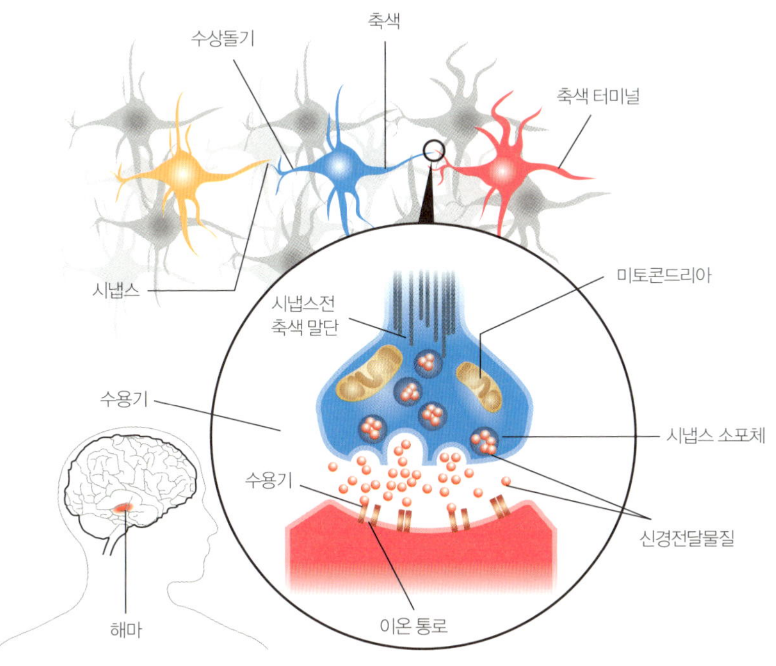

시냅스는 뉴런 사이에 전하를 통과하도록 하는 신경계의 핵심 요소이다.

소시키는 화학물질이다. 이 물질은 시냅스후 세포의 막 표면에 분포해 있는 수용기 분자와 결합하여 작용하는데, 시냅스후 세포가 발생시키는 전기 신호를 증폭시키거나 감소시킨다.

신경전달물질은 자신의 일을 한 다음에는 시냅스 간극으로부터 제거된다. 세로토닌이나 도파민과 같은 일반적인 신경전달물질의 경우에는 신경전달물질이 시냅스전 뉴런으로 재흡수된다. 이 때문에 세로토닌이 시냅스전 뉴런으로 재흡수 되는 것을 막는 항우울제가 만들어져 사용되고 있다.

신경전달물질 체계

체계	주요 효과
부신수질호르몬	자극
도파민	인식, 운동, 감정
세로토닌	감정, 체온, 잠, 기억
콜린	배움, 기억, 인식

오토 뢰비Otto Loewi의 꿈

독일의 약리학자였던 오토 뢰비는 깊은 잠을 자지 못하는 사람이었다. 1921년 어느 날 한밤중에 놀라운 실험에 대한 생각이 떠올라 잠에서 깬 그는 그것을 급하게 적어 놓고는 다시 잠에 들었다. 그리고 다음날 자신이 적어놓은 것을 확인하려 했지만 읽을 수가 없었다. 그날 하루종일 그 실험을 생각해내려 했지만 성공하지 못한 채 잠이 들었던 그는 다시 생각이 떠오르자 이번에는 즉시 그 실험을 하기 위해 실험실로 달려갔다.

신경물질^{Vagusstoff}

뢰비는 두 개구리에서 심장을 적출해 생리식염수가 든 용기에 각각 보관했다. 첫 번째 심장에는 미주신경이 붙어 있었고, 두 번째 심장은 미주신경이 붙어 있지 않았다. 뢰비는 첫 번째 심장의 미주신경에 전기 자극을 가해 심장이 천천히 뛰도록 한 다음 첫 번째 심장이 들어 있던 용기의 식염수 일부를 퍼서 두 번째 심장이 들어 있는 용기에 부었다. 그러자 잠시 후에 두 번째 심장의 박동도 느려졌다. 뢰비는 미주신경을 자극하면 심장의 작동을 느리게 하는 화학물질이 분비된다고 보고 이 화학물질을 '신경물질^{Vagusstoff}'이라고 불렀다. 이 물질이 바로 신경전달물질인 아세틸콜린이다.

＊ 토막지식

올라프 블랑케^{Olaf Blanke}박사의 연구에 의하면 뇌의 각회^{angular gyrus} 부분에 전기 자극을 가하면 이상한 감정을 느끼게 된다. 한 여성 환자는 천장에서 자신의 몸을 내려다보는 경험을 했고, 다른 환자는 나쁜 의도를 가진 사람이 그의 등 뒤에 서 있는 느낌을 받았다.

뇌의 부분

뇌를 몇 개의 부분으로 나누는 것은 쉽지 않은 일이다. 뇌를 구분하는 것은 무엇에 관심을 가지고 나누느냐에 따라 크게 달라진다. 그러나 뇌를 몇 개의 주요 부분으로 나누는 것은 가능하고 각 부분들이 어떤 일을 하는지에 대해서도 많은 것을 알게 되었다. 하지만 아직 뇌가 하는 일에 대해 우리가 모르고 있는 것들이 훨씬 더 많다.

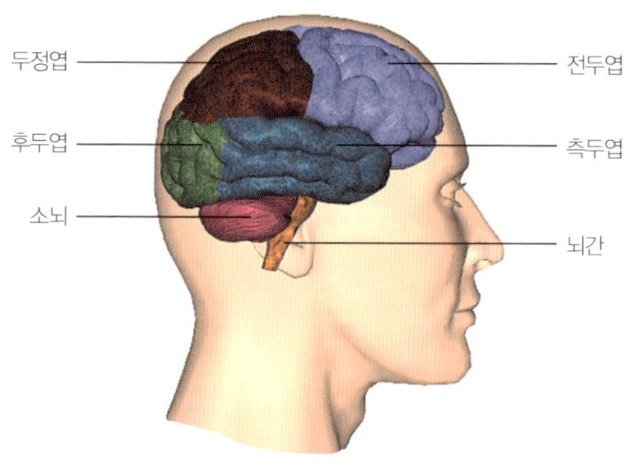

뇌의 주요 부분

뇌의 지도

캐나다의 신경외과 의사인 와일더 펜필드^{Wilder Penfield}는 의식이 있는 환자의 뇌 안을 조사한 사람으로 유명하다. 뇌에는 통증을 느끼는 감각이 없기 때문에 이것이 가능하다. 그것은 마취하지 않고도 뇌수술을 할 수 있다는 것을 의미한다. 펜필드는 뇌의 특정한 부위가 몸의 특정한 부분과 관련이 있다는 것을 발견하고 이를 통해 오늘날에도 사용되는 감각과 근육 운동을 담당하는 부분을 나타내는 뇌의 지도를 작성할 수 있었다.

뇌의 지도를 만드는 데 있어 흥미로운 점은 뇌의 옆쪽에 위치해 있는 측두엽과 관계된 것이다. 펜필드가 측두엽에 자극을 가했을 때 환자들은 오래전 일들을 생생하게 기억해내거나 색다른 경험이나 환상을 보았다. 이런 경험들 중 많은 것들이 매우 이상한 것들이었다. 따라서 연구자들 중에는 종교적 경험이 뇌의 이 부분에서 기인하는 것이 아닌가 추정하고 있다.

 좌측 대뇌반구와 우측 대뇌반구

뇌는 뇌량이라고 부르는 신경 섬유 다발로 연결된 두 개의 대뇌반구로 이루어져 있다. 여기에는 대부분의 피질 하부 구조가 포함되어 있다. 뇌를 이루는 회색 물질인 대뇌피질은 두 대뇌반구의 표면을 이루고 있으며 아래쪽에 있는 흰색의 물질에 의해 지탱되고 있다. 이 흰색 물질은 주로 긴 수초를 가지고 있는 축색이다. 두 대뇌반구는 각각 반대편에 있는 신체 기관과 정보를 주고받는다. 아직 규명해야 할 부분이 많이 남아 있기는 하지만 두 대뇌반구는 각각 다른 종류의 일을 더 잘 처리하는 것으로 알려져 있다.

뇌의 기능 분화

뇌의 기능 분화라는 말은 뇌의 두 대뇌반구가 서로 다른 일을 더 잘 한다는 것을 나타내는 말이다. 이런 종류의 분화는 언어에서 가장 잘 나타난다. 언어로 의사를 표현하고 다른 사람의 언어를 이해하는 것은 주로 좌측 대뇌반구가 하는 일이다. 그러나 모든 사람이 그런 것은 아니다. 연구 결과에 의하면 30%가 넘는 사람들이 일반적인 경향과는 다른 형태를 보인다. 일반적으로 뇌의 기능 분화에 대해서는 과장되어 알려져 있으며, 기능분화는 있지만 그렇게 결정적이지는 않다.

뇌 각 부분의 기능

뇌의 부분	하부 구분	구조
전두엽	종뇌	대뇌 피질, 기저핵, 편도체, 해마
	간뇌	시상, 시상하부
중뇌	중뇌	중뇌개, 피개
후두엽	후뇌	소뇌, 뇌교
	수뇌	연수

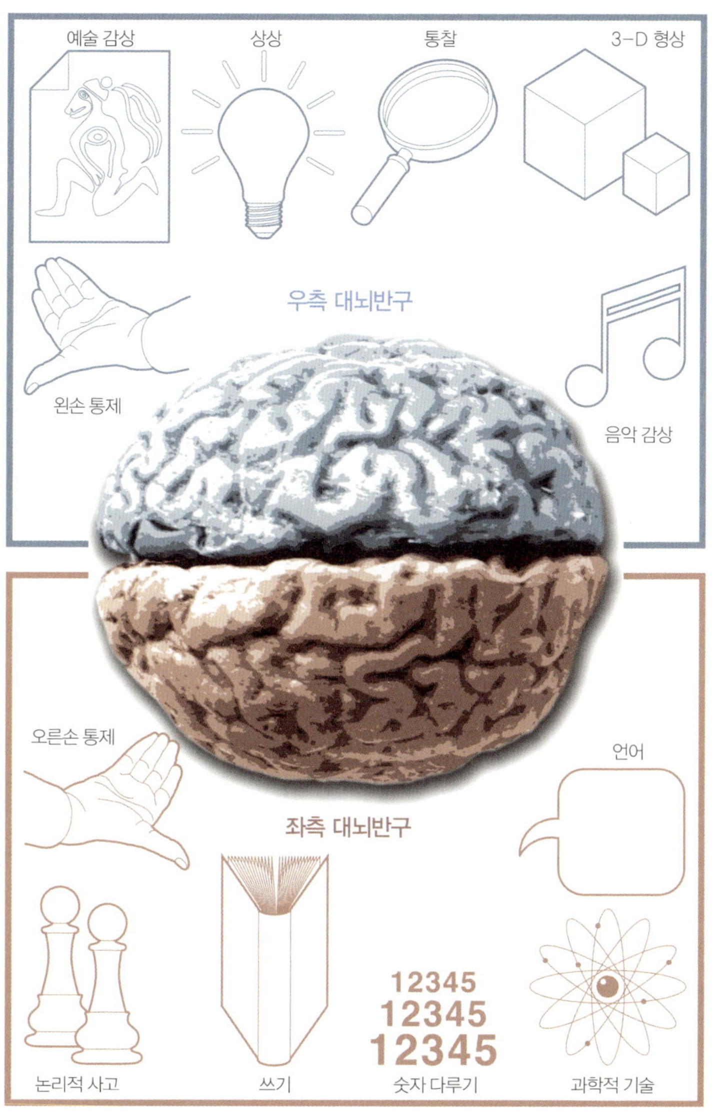

좌측 대뇌반구와 우측 대뇌반구는 각각 특정한 기능을 더 잘 제어한다는 증거가 있다.

대뇌피질

뇌의 바깥쪽을 둘러싸고 있는 대뇌피질은 인간만이 가지고 있는 기능과 관련이 있는 부분이다. 대뇌피질은 인식, 집중, 자의적인 운동, 기억 그리고 언어 기능에서 핵심적인 역할을 한다. 좌측 대뇌반구와 우측 대뇌반구에 모두 걸쳐 있는 대뇌피질은 두정엽, 전두엽, 측두엽, 후두엽의 네 개 엽으로 나누어져 있으며 각각의 엽은 다른 기능을 담당한다.

전두엽frontal lobes : 이마 뒤쪽에 자리 잡고 있는 전두엽은 논리적 사고, 판단, 계획, 언어, 운동, 기억과 같은 고등기능을 담당한다.

두정엽parietal lobes : 전두엽 뒤쪽에 자리 잡고 있으며 감각기관(특히 시각과 신체 감각)이 받아들인 신호를 분석하고 공간을 인식한다.

후두엽occipital lobes : 대뇌 피질의 뒤쪽에 위치해 있고, 눈을 통해 받아들인 시각적 신호를 유용한 정보로 바꾸는 역할을 한다.

측두엽temporal lobes : 대뇌피질의 양쪽에 있는 측두엽은 말하고 듣는 것과 기억 그리고 감정과 관련된 기능을 한다.

대뇌피질은 논리적인 사고, 언어의 사용, 계획을 세우는 등 인간의 특징을 나타내는 기능과 관련된 일을 하는 부분이다.

대뇌피질을 나타내는 영어 단어인 'cortex'는 라틴어에서 나무껍질을 나타내는 'bark'라는 뜻을 가진 단어로 뇌의 바깥쪽 부분이라는 뜻이다. 대뇌피질의 두께는 0.16cm에서 0.6cm 사이이다. 대뇌피질은 전체 뇌 무게의 3분의 2를 차지하며 뇌 구조의 대부분을 차지하고 있다. 고등 포유동물의 대뇌피질은 여러 겹으로 접혀져 있다. 그중 사람의 대뇌피질은 평평하게 펴 놓는다면 1.5㎡ 정도 된다.

기저핵, 편도체, 그리고 해마는 함께 대뇌변연계를 구성한다.

기저핵 basal ganglia

기저핵은 대뇌피질의 안쪽에 자리 잡고 있으며, 선조체, 시상하핵, 흑질의 세 주요 부분으로 이루어져 있다. 기저핵은 운동을 조절하는 역할을, 선조체는 뇌의 다른 부분, 특히 대뇌 피질과 기저핵의 다른 부분을 연결하는 역할을 한다.

여러 가지 질병이 기저핵의 기능 이상 때문에 나타나는데, 기저핵 이상으로 나타나는 질병에는 파킨슨병, 뇌성마비, 헌팅턴병 등이 있으며 이들은 모두 미세한 운동 장애와 관련된 질병들이다.

편도체 Amygdala

편도체는 측두엽 안쪽에 자리 잡고 있는 아몬드 모양의 신경절로 두려움과 관련된 감정을 조절하는 역할을 한다. 특히 충격적인 사건에 대한 기억을 형성하고 저장하는 역할을 한다. 따라서 편도체를 가지고 있지 않은 원숭이는 전기 충격과 관련된 빛을 잘 인식하지 못하며 신경 자극에 잘 반응하지 않는다.

해마 Hippocampus

측두엽 안에 있는 해마는 휘어진 모양이 바다의 해마를 닮았기 때문에 이런 이름으로 불리게 되었다. 해마의 기능은 아직 정확하게 이해되지는 않았지만 기억을 형성하고, 저장하며, 조직화하는 역할을 하는 것으로 알려져 있다. 기억상실이 가장 먼저 나타나는 질병인 알츠하이머병에 걸리면 가장 먼저 손상되는 부분이 해마이다. 해마는 공간에 대한 정보를 저장하는 데도 중요한 역할을 하는 것으로 알려져 있다.

시상 Thalamus

뇌간 위쪽에서 발견되는 달걀 모양의 시상은 감각기관(청각, 신체감각, 시각)이 받아들인 정보를 처리하여 대뇌 피질로 전달하는 과정에서 핵심 역할을 한다. 시상은 단순히 감각기관의 신호를 전달하는 것이 아니라 신호 중에서 분석이 필요한 정보를 선택하여 대뇌피질에 보낸다. 시상은 또한 각성의 수준을 조절하는 기능도 하고 있다.

시상하부 Hypothalamus

시상하부는 시상 아래쪽에 있는 부분으로 작지만 매우 복잡한 구조를 하고 있으며 중요한 역할을 하고 있다. 시상하부는 뇌의 모든 부분 사이의 연결에 관여하고 있으며 체온 조절, 잠, 욕망, 배고픔, 목마름, 감정의 표출과 같은 여러 가지 작용을 통제하는 역할을 한다.

뇌간 Brainstem

뇌의 아래쪽에 위치한 뇌간은 두개골 아래쪽에 있는 척추에서부터 뇌 안쪽으로 대략 눈높이까지 뻗어 있다. 정확하게 어느 부분까지를 뇌간이라고 하느냐에 대해서는 여러 가지 이견이 있지만 일반적으로는 뇌교, 연수(숨뇌), 중뇌(중간뇌)를 뇌간에 포함시킨다. 뇌에서 가장 오래된 부분으로 때로는 파충류의 뇌라고 부르기도 하는 뇌간은 심장 박동, 호흡, 운동과 소화를 조절하는 역할을 한다.

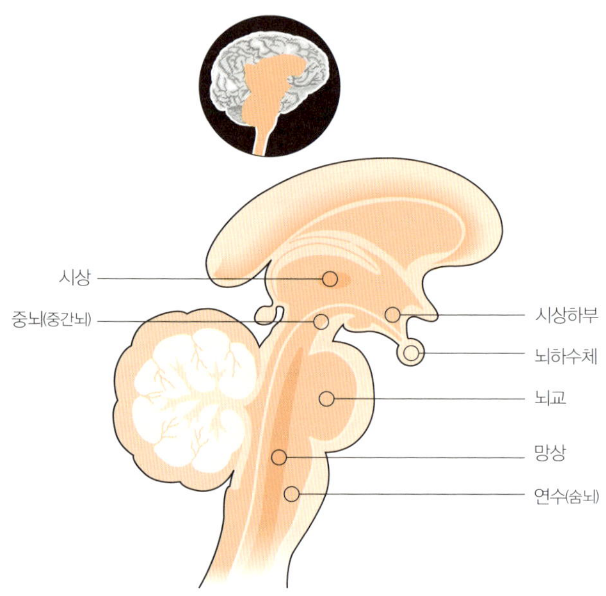

뇌간은 때로 파충류의 뇌라고도 부른다.

중뇌개^{tectum}

중뇌개는 중뇌의 등쪽(위쪽의 뒤쪽)에 위치해 있으며, 하구와 상구의 두 부분으로 이루어져 있다. 중뇌개는 청각과 시각(눈동자의 운동을 조절하는 것을 포함하여) 정보를 처리하는 일을 한다. 새나 다른 하등 동물에서는 이 부분이 청각과 시각을 담당한다.

중뇌피개 tegmentum

중뇌의 아래쪽에서 발견되는 중뇌피개는 적핵, 흑질, 배쪽 피개부를 포함하고 있다. 중뇌피개는 근육의 운동, 각성의 정도를 조절하는 역할을 한다.

소뇌 cerebellum

뇌간 뒤쪽에 위치해 있는 소뇌는 진화의 초기 단계에 나타난 구조이다. 소뇌는 커다란 호두 모양을 하고 있으며 두 개의 반구로 이루어졌고, 홈이 파인 피질 모양의 구조를 하고 있다. 운동과 균형, 그리고 자세를 유지하는 역할을 한다.

- 소뇌는 뇌 전체 무게의 10%에 지나지 않지만 뇌의 뉴런의 50% 이상을 포함하고 있다.
- 소뇌는 4000만 신경섬유로 피질에 연결되어 있다.
- 대부분의 동물은 기본적인 소뇌 구조가 같다.

뇌교 pons

연수(숨뇌) 위쪽의 뇌간 위에 위치해 있는 뇌교는 소뇌와 대뇌피질 사이에서 감각 또는 운동과 관계되는 정보를 전달해주는 역할을 한다. 또한 호흡 조절 역할과 꿈과 관계된 일도 하는 것으로 알려져 있다.

연수(숨뇌)medulla oblongata

연수는 뇌간의 아래쪽 척수가 이어지는 부분에 위치해 있으며, 의식적인 조절 작용 없이 작동하는 호흡, 심장박동, 혈압, 소화와 같은 자율신경기능 조절 역할을 한다. 또한 뇌와 척수 사이에서 신호를 전달하는 역할도 한다.

시대에 따른 뇌의 이해

천두술 ^{Trepanation}

인류는 수천 년 동안 뇌에 매료되어왔다. 실제로 천두술이라는 뇌수술이 오래전부터 체계적으로 시행되었다는 증거가 있다. 이것은 두개골에 구멍을 내 뇌의 표면 일부를 외부로 드러나게 하는 것을 말하는데 이런 수술이 일부 지역에서는 신석기 시대에도 널리 시행된 증거가 발견되었다. 예를 들면 한 신석기 무덤에서 발견된

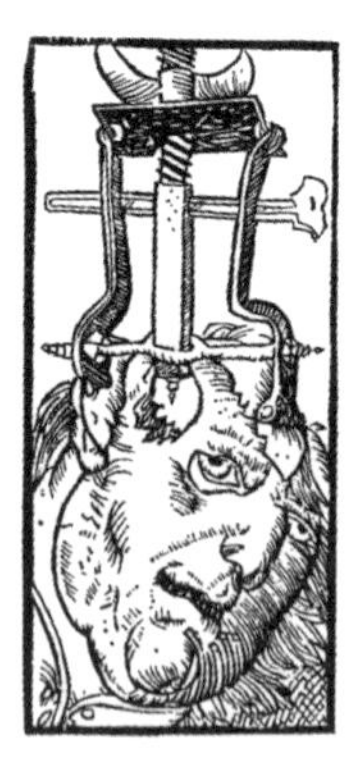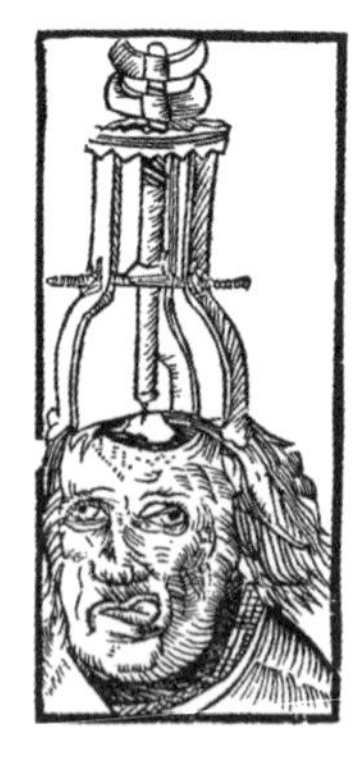

천두술을 시행하고 있는 환자를 묘사한 그림(1525년)

120개의 두개골 가운데 40개가 천두술에 의한 구멍을 가지고 있었다. 역사학자들은 이러한 수술이 나쁜 영혼이 도망갈 수 있도록 하기 위한 종교적인 행사나 신비적인 믿음과 관계 있었던 것으로 보고 있다.

고대부터 천두술은 간질, 뇌수막염, 정신질환, 편두통과 같은 광범위한 질병의 치료를 위해 사용되었다. 오늘날에도 이 수술법은 출혈로 인한 압력의 증가를 해소하기 위한 목적으로 사용되고 있으며, 놀랍게도 건강을 위해서 천두술을 행하는 사람도 있다. 이런 사람들은 천두술이 더 많은 피를 뇌로 흐르게 하여 지적 능력과 창조 능력이 향상된다고 믿고 있다. 하지만 이러한 믿음을 뒷받침할 증거는 없으며 수술 과정에서 감염과 혈액의 응고가 발생할 위험이 크다. 그럼에도 불구하고 인류가 뇌에 얼마나 많은 관심을 가지고 있었는지를 나타내는 천두술은 오랫동안 시행되어왔다.

고대

뇌에 대한 최초의 기록은 기원전 1700년경에 쓴 이집트 에드윈 스미스 파피루스 기록에 나타난다. 에드윈 스미스 파피루스 기록은 전쟁터에서 다친 병사들에 대한 진단과 치료법을 적은 것이다. 그중에는 27건의 머리를 다친 환자에 대한 기록이 있는데 반이 뇌 손상과 관련된 기록이다. 이집트인들은 뇌의 기능을 이해하지는 못했지만 파피루스에 다음과 같이 기록했다.

- 주름진 뇌의 모습을 '부식한 금속 조가리' 모양이라고 묘사했다.
- 오늘날 우리가 뇌척수액이라고 부르는 액체의 존재를 알았다.
- 뇌와 척수를 보호하고 있는 막인 뇌척수막의 존재를 알았다.
- 뇌의 손상은 뇌로부터 멀리 떨어져 있는 팔이나 다리의 마비와 같은 다른 부분에 영향을 줄 수 있다는 것을 알았다.
- 다양한 질병을 적절하게 치료했다.

파피루스의 기록 중에 흥미로운 것은 이 당시의 치료법이 종교나 영혼에 대한 생각과 관계 없었다는 것이다. 매우 이성적인 이들의 치료 방법은 당시 이집트인들의 지적 수준을 나타낸다. 그중에는 상처를 빨리 아물도록 하는 봉합술도 있다.

이 기록들은 처음에는 제3왕조 시대에 살았던 고대 이집트 의학의 창시자라고 알려진 임호테프Imhotep가 기록한 것으로 믿었지만 현재는 많은 저자들이 기록한 것이라는 주장이 널리 받아들여지고 있다. 이는 이 기록들이 100년 이상의 기록을 모은 것이기 때문이다.

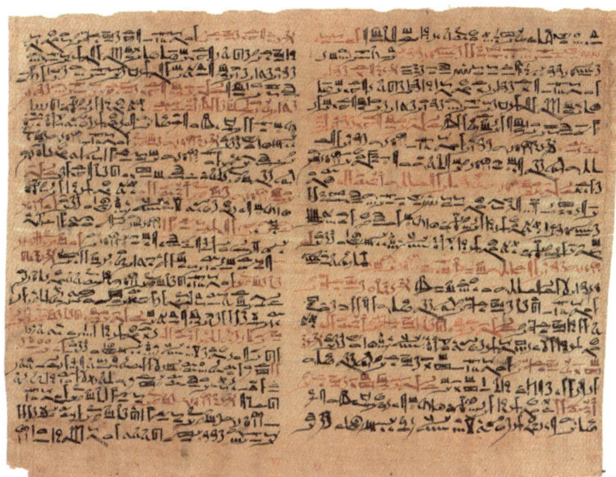

에드윈 스미스(Edwin Smith) 파피루스 문서는 세계에서 가장 오래된 외과 기록이다.

이집트인들의 처방과 치료

에드윈 스미스 파피루스 문서는 질병을 치료 가능, 치료 가능성 약간 있음, 치료 불가능의 세 가지로 분류해 놓았다.

치료 불가능: 관자놀이를 관통한 환자나 관자놀이에 구멍이 난 환자를 진료할 때 – 손가락을 환자의 입에 댔을 때 심하게 전율하거나 어디가 아픈지 물었을 때 대답을 하지 못하고 고통스런 눈물만 흘리고 있는 경우 – 이런 환자는 치료가 불가능하다.

치료 가능: 환자가 혈색을 되찾을 때까지 치료가 계속되고, 그가 결정적인 순간을 무사히 넘겼다는 것을 알 수 있을 때.

구체적인 처방: 사자, 악어, 하마, 아이벡스(야생염소), 뱀의 지방을 섞은 것을 머리에 붙인다. 타조 알로 만든 찜질제를 상처(이 경우 이마)에 붙인 후 다음 기도를 암송한다. (파피루스 문서에 종교적인 내용이 들어가 있는 것은 이 경우뿐이다) "상처 안에 있는 적은 물러가라! 피 속에 있는 악마는 떨어져 나가라! 태양의 신 호루스와 이시스의 모든 면의 적대자여! 이 성전은 절대로 무너지지 않는다. 혈관 안에는 적이 없다. 나는 이시스의 보호를 받고 있다. 나의 구원자는 오시리스의 아들이다."

알크마이온alcmeon의 지식 3단계 이론에 의하면 뇌는 시각, 청각, 후각의 근원이고, 이런 감각으로부터 생각과 기억이 만들어지며, 생각과 기억이 고정될 때 지식이 발생한다.

뇌냐 심장이냐?

이집트인들은 뇌가 신체 각 부분의 작동에 관여한다는 것을 알고 있었지만 뇌를 특별히 중요하게 생각하지는 않았다. 이집트인들은 지혜와 감정은 심장의 작용이라고 보았기 때문에 뇌는 그다지 중요하게 생각하지 않아 미라를 만들 때도 뇌를 가장 먼저 제거했다. 헤로도토스Herodotus는 미라를 만드는 과정에 대해 다음과 같이 기록했다. '미라를 만드는 가장 완전한 과정은 다음과 같다. 철로 된 갈고리로 콧구멍을 통해 가능하면 많은 뇌를 끌어낸다. 쇠갈고리가 닿지 않는 곳에 있는 뇌는 약품으로 씻어낸다.' 이와는 대조적으로 심장은 절대로 몸에서 제거하지 않았다. 그들은 죽은 사람이 내세로의 여행을 완료하도록 심장을 남겨 놓았다.

크로톤의 알크마이온^{Alcmaeon}

그리스의 의사며 과학자였던 알크마이온이 이해의 중심이 뇌라는 것을 처음 알아차린 사람이라고 널리 인정받고 있다. 그는 모든 감각이 뇌로 연결되어 있다는 것을 알아내기도 했다. 그러나 감각이 어떻게 작동하는지에 대한 그의 생각은 현대와는 많이 다르다.

시각 : 불과 물로 이루어진 눈의 빛나고 투명한 부분에서 물질이 반사될 때 시각을 느낀다.

맛 : 혀는 따뜻하고 습기를 많이 가지고 있다. 따라서 음식을 녹여 감각을 받아들이고 이를 뇌로 전달할 수 있다.

청각 : 소리가 뇌로 전달되기 전에 우선 바깥쪽 귀가 소리를 모아 안쪽 귀에 있는 빈 공간으로 전달해야 한다.

냄새 : 숨을 쉴 때 뇌로 전달된다.

알크마이온이 어떻게 감각기관이 뇌와 연결되어 있는 것을 알게 되었는지에 대해서는 여러 가지 주장이 있다. 그중 가장 그럴 듯한 설명은 그가 어느 시기에 동물의 눈을 잘라내 시신경이 눈에서 뇌로 연결되어 있는 것을 관찰하고 감각기관이 뇌와 연결되어 있다는 것을 알게 되었다는 것이다.

히포크라테스 ^{Hippocrates}

알크마이온의 생각은 의학의 아버지라고 불리는 히포크라테스에게 전해졌다. 히포크라테스의 위대성은 의학을 경험적으로 접근했다는 것이다. 다시 말해 그는 질병에 대한 조심스런 관찰과 기록을 통해 질병을 이해할 수 있고 치료할 수 있다고 주장했다. 또한 모든 생각과 감각은 뇌가 지배한다고 주장했다. 이런 주장은 심장이 이런 역할을 한다고 믿고 있던 당시의 일반적인 주장과 다른 것이었다.

'현대 의학의 아버지' 히포크라테스

성스러운 질병sacred disease

히포크라테스의 자연철학적 접근 방법은 히포크라테스 시대에는 환상과 관련되어 있었기 때문에 성스러운 질병이라고 알려져 있던 전뇌증(간질병)을 이해하는 과정에 가장 잘 나타나 있다. 그는 다음과 같이 주장했다.

- 이 질병은 다른 질병보다 더 성스러울 이유가 없으며 자연적인 원인에 기인한 질병이다.
- 성스러운 원인에 의해 이 질병이 발생한다고 주장한 사람들은 '마술사, 사기꾼'과 같은 사람들이다.
- 다른 많은 질병과 마찬가지로 이 질병의 원인은 뇌에 있다.
- 특히 뇌와 관계 있는 체액인 담즙의 통로가 막혔을 때 전뇌증이 발작한다.

물론 전뇌증의 원인에 대한 히포크라테스의 설명은 뇌를 설명의 중심에 놓은 것을 제외하고는 완전히 틀린 것이다. 그러나 그의 접근 방법은 자연주의적이라는 면에서 새로운 것이고 현대적인 것이라고 할 수 있다.

사람들은 즐거움, 기쁨, 웃음, 슬픔, 후회와 같은 감정들이
다른 곳에서가 아니라 뇌로부터 온다는 것을 알아야 한다.

그리고 뇌로 인해 특별한 방법으로 지혜와 지식을 습득하고,
보고 들으며, 무엇이 거짓이고 무엇이 진실인지 알게 되고,
무엇이 옳은 것이며 무엇이 그른 것인지를 판별할 수 있고,
어떤 것이 달콤한 것이고 어떤 것이 맛이 없는 것인지를 알
수 있다. … 그리고 뇌로 인해 우리는 미치게 되고, 환상을 보
기도 하며, 밤낮을 가리지 않고 공포가 우리를 엄습하게 되
기도 하고, 꿈을 꾸고 방황하게 되기도 하며, 적당하지 않은
것을 가려내고, 현재 상황을 무시할 수도 있다. – 이런 면에
서 나는 뇌가 우리 인간에게서 가장 큰 힘을 지녔다고 생각
한다.

히포크라테스^{Hippocrates} 《성스러운 질병에 대하여》

아리스토텔레스^{Aristotle}의 실수

뇌가 육체를 지배하는 중심 역할을 한다는 히포크라테스의 주장
을 모든 사람들이 받아들인 것은 아니다. 그중 그리스의 위대한 철
학자였던 아리스토텔레스는 히포크라테스의 주장에 가장 강력하
게 반대한 사람이었다. 그는 다음과 같은 이유로 뇌가 운동과 감각
을 담당하는 기관이 될 수 없다고 주장했다.

1. 심장은 운동하고 있으며 피를 가지고 있다. 뇌는 움직이지 않
   으며 감각을 느낄 수 없고 피를 가지고 있지도 않다. 살아간다

는 것은 운동, 감각, 그리고 피에 의해 이루어진다. 따라서 뇌는 중심 기관이 될 수 없다.

2. 움직이고 있으며 감각할 수 있는 기관은 많다. 그러나 뇌는 움직일 수 없고 감각할 수 없다.

3. 심장은 따뜻하고, 뇌는 차갑다. 따뜻함은 생명과 관련이 있고, 차가움은 생명이 없다는 것과 관련이 있다.

4. 발육과정에서 뇌가 나타나기 전에 심장이 먼저 뛰기 시작한다.

따라서 '몸의 중심'은 심장이라고 보았다.

그 대신 아리스토텔레스는 뇌가 심장으로부터 올라오는 피를 식혀주는 역할을 한다고 믿었다. 따라서 아리스토텔레스는 뇌를 일종의 냉각기라고 보았다!

갈레누스 ^{Galenuc}

그리스의 의사였던 갈레누스는 인간의 뇌에 대한 이해에 크게 공헌한 고대의 마지막 과학자이며 철학자로, 그가 했던 동물의 해부(당시에는 종교적인 이유로 사람의 해부를 금지했다.)로 잘 알려진 사람이다.

갈레누스가 로마의 평화 사원에서 동물의 두개골을 이용하여 해부에 대해 강의하고 있다. 갈레누스의 생각은 이후 1500년 동안 서양 의학을 지배했다.

갈레누스는 뇌가 감각과 사고를 지배한다는 히포크라테스의 생각을 받아들였다. 갈레누스가 했던 가장 중요한 발견은 허파에서 나온 신경이 뇌에 연결되어 있는 것을 발견한 것이었다. 살아 있는 돼지를 이용한 실험에서 목구멍을 통과하는 신경을 절단하자 돼지는 몸부림치면서도 소리를 내지 못했다. 갈레누스는 이 실험을 통해 '소리를 내는 신경'을 발견했다고 추정했다. 그는 그 후 개, 염소, 사자 등을 이용한 실험을 통해 이 사실을 확인했다.

아리스토텔레스가 믿었던 것처럼 심장에서 오는 신경이 아니라 뇌에서 오는 신경이 소리를 지배한다는 이 발견은 심장을 노출시켜도 숨을 쉴 수 있고 소리를 낼 수 있지만 뇌에 압력을 가하면 소리를 낼 수 없게 된다는 실험을 통해서도 확인되었다.

 ## 체액설^{Humorism}

그리스 시대에는 인간의 건강과 행복을 지배하는 네 가지 체액이 있다고 믿었다. 만약 이 체액들이 균형을 이루면 모든 문제가 없어지고, 체액의 흐름이 방해를 받거나 체액이 과다하게 되면 질병이 생긴다고 했다.

갈레누스가 주장했던 네 가지 체액은 다음과 같다.

체액	구성원소	기관	인성
혈액	공기	간	용감하고 희망적임
황담즙	불	방광	화를 잘 냄
흑담즙	흙	비장	의기소침한
가래	물	뇌/허파	조용함, 감정적이지 않음

체액설은 피를 흘리게 하거나 굶기거나 설사를 하게 하는 등의 치료법을 정당화시켰다. 체액설에 의하여 이러한 방법으로 병을 일으키는 체액의 불균형을 바로 잡을 수 있다고 보았다.

10세기까지는 뇌에 있는 공동 – 뇌에 있는 움푹 들어간 부분 – 이 이성적인 영혼이 자리 잡고 있는 곳이라고 믿었다. 기독교의 철학자였던 네메시우스 Nemesius 는 감각을 지각하는 것은 내부의 공동과 관련이 있고, 인식은 중간에 있는 공동과 관련이 있으며, 기억은 뒤쪽에 있는 공동과 관계가 있다고 주장했다. 따라서 만약 내부 공동이 손상을 받으면 시각이 영향을 받지만 지적인 능력은 영향을 받지 않는다고 했다.

불행하게도 공동의 중요성을 강조한 이런 이론은 완전히 틀린 이론이었지만 수세기 동안 뇌에 대한 이해의 근간을 이루었다.

현대

갈레누스가 죽은 후 수세기 동안 뇌에 대한 이해에는 큰 진전이 없었다. 중세에 종교적인 교리가 모든 것을 지배했던 것도 그 이유 중 하나이다. 아랍의 르네상스 시기에 정신분열증, 뇌수막염, 치매, 간질병과 같은 신경계 질병에 대한 이해가 다소 발전하면서 이런 질병의 특징과 치료법이 기록되었지만 16세기 유럽의 르네상스 시대에 이르러서야 이 분야의 본격적인 발전이 시작되었다.

레오나르도 다빈치 Leonardo Da Vinci

다방면에 재능을 보였던 레오나르도 다빈치는 르네상스 시대에 해부에 다시 관심을 보인 최초의 인물이었다. 다빈치는 황소 뇌의 뇌척수액이 차 있는 공동에 뜨거운 왁스를 부어넣어 굳히는 실험을 통해 뇌의 공동의 구조를 알 수 있었다.

다빈치는 매우 정확한 해부도로도 널리 알려져 있는데, 그의 작품이 주는 충격은 그가 당시의 신학적인 해석을 그대로 받아들임으로 다소 줄어들었다. 다빈치는 신체의 기능을 갈레누스의 설명을 바탕으로 이해했다. 예를 들면, 인식이나 기억과 같은 고등 기능은 뇌의 특정한 공동이 담당한다고 생각했다.

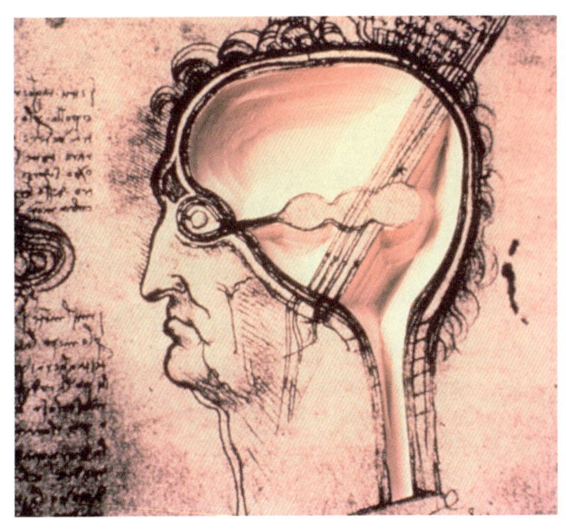

다빈치가 스케치한 작품으로 머리와 뇌의 공동을 포함한 초기 신경 체계 그림

신경학^{Neurology}의 탄생

해부를 통해 알게 된 살아 있는 동물의 여러 기관 중에서 뇌만큼 쉽게 그리고 잘 알려진 기관은 없다. 그러나 또한 뇌만큼 불완전하게 이해되고 있는 기관도 없다.

토머스 윌리스^{Thomas Wilis} 《뇌와 신경의 해부》

토머스 윌리스는 신경학의 아버지라고 불리고 있다. 그의 저서인 《뇌 해부》에는 뇌에 대한 놀라운 내용들이 포함되어 있다. 이 책에는 처음으로 뇌의 주요 부분과 뇌신경, 뇌혈관 구조를 묘사하고 매우 자세하게 설명해 놓았다.

뇌 해부 – 미래를 향한 위대한 도약

새로운 발견	증거
대뇌의 좌우반구가 고급 기능 특히 기억과 같은 기능에 중요한 역할을 한다.	1. 인간의 대뇌피질은 주름져 있다. 하등동물의 뇌는 그렇지 않다. 하등동물은 사람처럼 배우거나 기억하지 못한다. 2. 대뇌의 좌우반구에 손상을 받으면 기억력이 영향을 받는다. 3. 정신적으로 문제가 있는 두 사람의 사후 검사에서 대뇌가 매우 작았다는 것을 발견했다.
공동이 논리적 사고와 의지적 행동의 근원이라는 주장을 배척함	1. 고등 기능이 대뇌의 좌우반구와 관련이 있다는 것을 발견했다. 2. 공동은 빈 공간이다.

최초로 선조체를 정확하게 설명하고 이것이 의지적 행동에서 중요한 역할을 한다는 것을 밝혀냈다.	1. 운동을 제대로 하지 못하던 환자를 부검한 결과 선조체에 손상이 있었다. 2. 갓 태어난 강아지는 행동이 자유롭지 못하다. 해부를 통해 관찰한 결과 어느 정도 크기의 선조체가 없었다.
뇌를 설명하는 많은 현대 용어들을 사용했다.	1. 윌리스는 신경학, 대뇌반구, 선조체, 엽 등의 용어를 만들었다. 2. 뇌의 한 부분을 나타내는 '윌리스의 고리'라고 말은 아직도 사용되고 있다.

윌리스는 뇌의 특정 부분이 특정한 정신적 질환 또는 신체의 특정한 기능과 관련이 있다는 것을 밝혀내는 데 성공했다. 그러나 그가 뇌를 완전히 현대적으로 이해했다고 볼 수는 없다. 예를 들면 그는 대뇌피질이 영혼을 창조하고 저장하는 중요한 역할을 한다고 믿었다.

골상학 phrenology

대뇌 피질의 특정한 부분이 인격, 비윤리적 성향과 같은 몸의 특정한 기능과 관련이 있다는 골상학은 18세기말 프란츠 요제프 갈 Franz Joseph Gall 이 처음으로 발전시켰다. 골상학에서는 두개골의 모양을 살펴보면 이런 부분들에 대한 정보를 알 수 있다고 주장했다. 예를 들면 두개골에 크게 튀어나온 부분이 있으면 그것은 그 아래 있는 대뇌피질이 팽창해 있다는 증거라는 것이다. 골상학은 또한 두개골에서 튀어나온 부분들의 모양을 조사하면 그 사람의 성격과 행동의 형태를 알 수 있다고 주장했다.

현재는 이것이 잘못된 생각이라는 것을 잘 알고 있지만 이 주장은 한동안 매우 인기를 끌었다. 이 이론의 지지자 중에는 토머스 에디슨, 샤롯 브론테, 클라라 바턴, 랄프 왈도 에머슨, 호레이스 만, 허버트 스펜서(후에 그는 이 이론을 부정했음), 알프레드 러셀 월리스 등이 포함되어 있다.

골상학이 일반인들의 지지를 받기는 했지만 과학자들은 이 이론에 대해 회의적이었다. 19세기 중엽 마리 장 피에르 플루랑스와 폴 브로카와 같은 과학자들의 연구로 이 이론은 옳지 않다는 것이 밝혀졌다.

뇌의 구역화

골상학은 과학적인 이론이 아니라는 것이 밝혀졌지만 뇌의 기능이 구역화되어 있다는 기본적인 생각은 옳은 것이었다. 19세기 후반에 이러한 증거들이 계속 제시되었다.

마리 장 피에르 플루랑스 Marie-Jean-Pierre Flourens

골상학을 반대하는데 앞장섰던 플루랑스는 뇌의 기능이 전체적으로 구역화되어 있다고 결론지었다. 그는 고급 기능은 대부분 대뇌피질이 담당하고, 뇌의 아래쪽 부분들은 호흡, 혈액

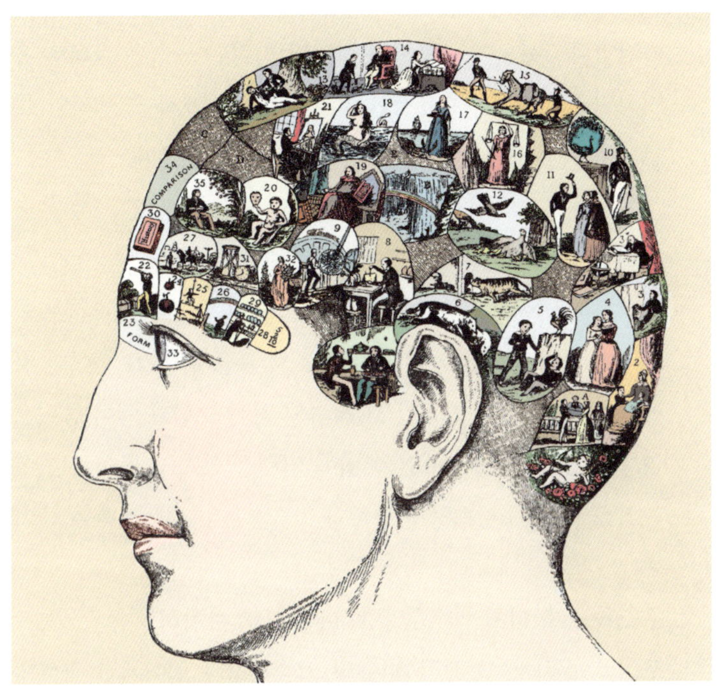

두개골의 여러 부분들이 담당하고 있는 기능을 나타내는 골상학 차트. 예를 들면 머리의 위쪽은 좌측에서 우측 순으로 '자비', '존경', '결심'과 같은 개성을 담당하는 것으로 그려져 있다.

의 순환과 같은 생명 유지 기능을 담당하고 있다고 했고, 따라서 뇌간이 손상되면 죽음에 이른다고 주장했다. 또한 소뇌는 운동을 조절하고 관리하는 일을 한다고 설명했다.

장 바티스트 부일로드 Jean Baptiste Bouillaud

부일로드는 언어기능은 대뇌피질의 안쪽이 담당하고 있다고 주장했다. 그는 이 부분이 손상되면 지적인 능력은 그대로 유지되지만 언어 능력이 떨어진다는 증거를 제시했다. 뇌의 다른 부분의 손상은 언어 능력에 영향을 주지 않았다.

사이먼 오버틴 Simon Aubertin

오버틴은 언어 중추가 대뇌피질의 안쪽에 있다는 부일로드의 주장에 동의했다. 그는 머리에 스스로 총을 쏴 뇌가 들어난 사람을 예로 들었다. 한동안 그 사람의 지적 능력과 언어 능력은 영향을 받지 않았지만 안쪽 엽에 압력을 가하자 단어를 말하는 도중에 언어 능력을 상실했다.

구스타프 프리치 Gustav Fritsch와 에드워드 히치히 Edouard Hitzig

푸리치와 히치히는 대뇌피질의 기능분화가 언어에만 국한되지 않는다는 것을 보여주는 중요한 실험을 했다.

그들은 개의 뇌를 들어나게 한 다음 대뇌피질에 전기 자극을 가하는 실험을 통해 운동에 관여하는 운동피질의 존재와 이 운동피질은 몸의 각 부분의 운동을 통제하는 여러 부분으로 나뉜다는 것을 보여주었다. 예를 들면 대뇌의 앞부분을 자극하면 반대편 앞발이 움직였다. 그들은 같은 부분이 손상되면 운동장애가 발생한다는 것도 확인했다.

폴 브로카 ^{Paul Broca}

프랑스의 과학자 폴 브로카는 뇌의 기능이 구역에 따라 분화되어 있다는 것을 과학계가 받아들이도록 하는 결정적인 실험을 했다. 브로카는 '탠^{Tan}'이라고 불리던 죽기 직전의 환자를 예로 들었다. 탠은 이상한 질병을 앓고 있었다. 그는 다른 사람의 말은 정확하게 이해할 수 있었지만 '탠'이라는 말 외에 다른 말은 하지 못했다. 따라서 이것이 그의 별명이 되었다.

부일로드와 오버틴의 연구 결과에 근거하여 브로카는 탠의 증세는 대뇌피질 앞쪽이 손상을 받아 생겼을 것이라고 추정했다. 탠이 죽은 후 부검을 통해 이러한 추정이 옳다는 것이 증명되었는데 탠의 뇌는 좌측 대뇌반구의 위쪽 표면 부근에 만성적인 연화가 진행 중이었다. 이로 인해 대뇌피질의 이 영역을 브로카 영역이라고 부른다. 또 이 영역에 손상을 입어 언어능력에 이상이 생긴 질병을 브로카 실어증이라고 한다.

브로카의 연구는 '뇌 기능이 좌측 대뇌반구와 우측 대뇌반구에 편재해 있다'는 증거를 제공하기도 했다. 다시 말해 대뇌의 좌측 대뇌반구와 우측 대뇌반구는 특정한 기능을 더 잘 한다는 것이다. 언어 기능에 장애가 있는 환자의 대부분은 우측 대뇌반구에 손상을 가지고 있었다. 따라서 브로카는 좌측 대뇌반구는 말을 하고 말을 이해하는 기능에서 중요한 역할을 한다고 결론지었다.

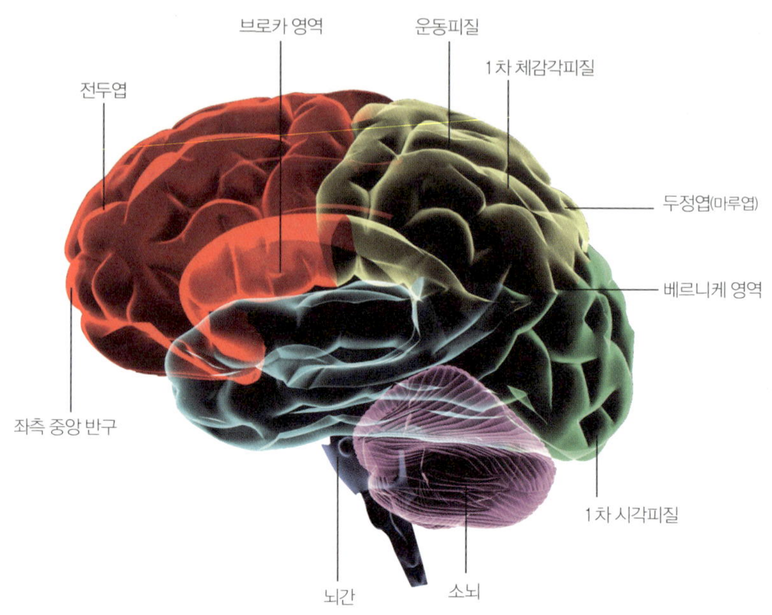

뇌의 각 부분은 각각 다른 기능을 담당하고 있다.

칼 베르니케 Carl Wernicke

베르니케는 좌측 측두엽의 청각피질 가까이 있는 부분에 손상이 생기면 말은 유창하게 하지만 의미 없는 말만 하게 된다는 것을 발견했다. 현재 베르니케 실어증이라고 불리는 이 증세는 브로카 실어증이 발생하는 부분보다 뒤쪽 부분이 손상되었을 때 발생한다.

와일더 펜필드 Wilder Penfield

1장에서 이야기했듯이 의식이 있는 환자를 수술하면서 펜필드는 대뇌피질의 특정한 부분이 특정 팔다리와 몸의 특정 기관을 관장하고 있다는 것을 확인했다. 이것을 통해 그는 오늘날에도 이용되고 있는 감각과 운동 기능과 연관된 뇌의 지도를 작성했다.

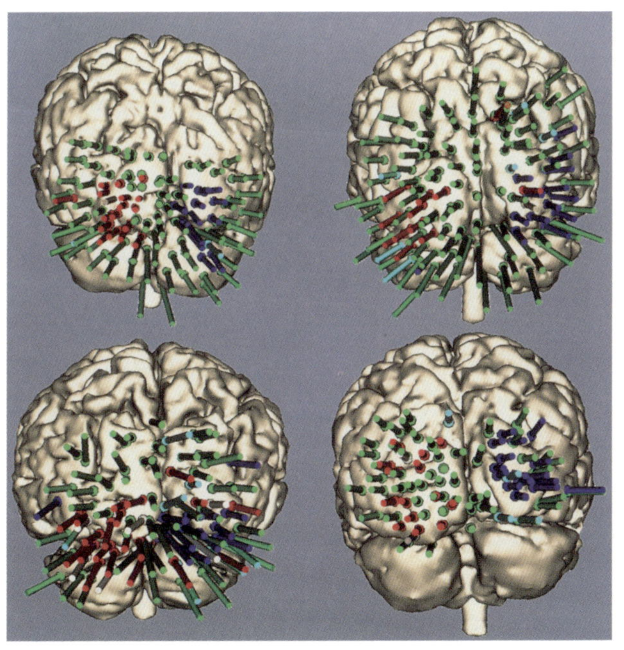

시각을 통제하는 시각피질. 시각피질의 위치를 알게 됨으로써 종양 제거와 같은 수술 시 시각피질의 손상을 최소화 할 수 있다.

뉴런의 시대로

19세기 중엽까지는 뇌의 세포 구조에 대해 별로 알려진 것이 없었다. 이 당시에는 '뉴런', '액손(축색돌기)', '덴드라이트(수상돌기)', '시냅스'와 같은 단어들이 아직 없었고, 과학자들도 뇌를 구성하는 신경세포들이 어떻게 정보를 교환하는지도 알지 못했다. 1860년대에 오토 프리드리히 칼 다이터스Otto Friedrich Karl Deiters의 연구 결과가 출판되어 신경세포의 구조가 밝혀진 후에는 신경세포들이 서로 연결되어 신경세포 망을 형성한다는 것이 널리 받아들여지게 된 이론이었다.

이 부분에 대한 과학자들의 연구에 장애가 된 것이 두 가지 있었다. (a) 그 당시 현미경은 세포 단위의 물질을 관찰할 수 있을 정도로 성능이 좋지 않았다. (b) 주변의 다른 세포와 구별할 수 있도록 신경세포만을 염색할 수 있는 적당한 염료가 없었다. 하지만 19세기 말이 되면서 이런 문제들이 해소되었고 따라서 빠른 속도로 이 부분에 대한 연구가 진척되었다.

과학 연구의 발전 단계

연도	발전
1860년대	조셉 폰 게를라흐Joseph von Gerlach가 신경 신호가 서로 연결되어 있는 신경세포 망을 통해 전달된다고 주장했다(이런 주장은 옳지 않은 것으로 밝혀졌음).

1886~7	빌헬름 히스^{Wihelm His}와 아우구스트 포렐^{August Forel}은 독립적으로 신경 신호는 서로 연결되어 있지 않은 신경세포를 통해서 전달될지도 모른다고 주장했다.
1889	산티아고 라만 카잘^{Santiago Raman y Cajal}은 새로운 염료를 이용하여 신경과 뇌가 따로 떨어져 있는 세포로 이루어져 있다는 것을 밝혀냈다. 그는 이 연구로 노벨상을 받았다.
1891	빌헬름 폰 발데이어^{Wihelm von Waldeyer}가 '뉴런'이라는 단어를 처음 사용했다.
1897	찰스 세링턴^{Charles Sherington}은 신경세포 사이에 있는 시냅스의 존재를 추정했다.
1921	오토 뢰비^{Otto Loewi}는 시경전달물질인 아세틸콜린을 최초로 발견했다.
1932	세링턴과 에드거 더글라스 아담^{Edgar Douglas Adam}이 뉴런에 대한 연구로 노벨상을 수상했다.
1963	존 에클스^{John Eccles}, 앤드류 헉슬리^{Andrew Huxley}, A. L. 호지킨^{Alan Lioyd Dodgkin}이 말초신경계의 시냅스에 대한 연구로 노벨상을 수상했다.

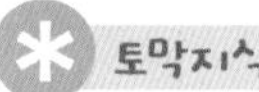

토막지식

실어증으로 고통 받고 있는 환자들은 말을 할 수도 없고, 글을 이해할 수도 없는 경우, 또는 둘 중의 하나만을 할 수 없는 경우가 있다. 이러한 장애는 대부분 언어중추인 좌측 대뇌반구와 관련된 손상이 생겼을 때 발생한다. 흥미로운 것은 실어증이 언어 능력에만 국한되는 것이 아니라는 것이다. 실어증에 걸리면 수화를 하거나 수화를 이해하는 능력도 잃게 된다.

정신외과

정신외과는 환자의 인식 기능을 바꾸기 위해 시행하는 뇌수술을 말한다. 오늘날에는 다른 치료법이 더 많이 사용되고 있지만 20세기 중반에는 심한 정신병을 치료하기 위해 널리 시행되었다.

최초로 널리 사용된 정신외과 수술은 류코톰이라고 부르는 장비를 이용하여 전두엽의 일부를 제거하는 전두엽 백질 절단 수술이었다. 이 수술은 초기에 성공적인 것처럼 보였다. 이 수술은 흥분하고 불안해하거나 우울증을 앓고 있던 환자의 증세를 개선시켰다. 미국에서는 신경학자 월터 프리만Walter Freeman과 신경외과 의사였던 제임스 와트James W. Watts에 의해 이 수술법이 널리 확산되었다. 프리만은 후에 이보다 훨씬 공격적인 '얼음 꼬챙이 엽절단술'을 개발하기도 했다. 그리고 1950년대 초에 5만 명이 넘는 미국인이 이 수술을 받았다.

그러나 이 수술의 효과를 의심하는 사람들이 늘어났다. 이 수술의 효과를 뒷받침할 수 있는 확실한 과학적 증거가 없었고, 이 수술로 인한 사망, 감염, 기능 상실의 사례가 늘어갔기 때문이다. 또 정신질환에 효과적인 약물의 등장으로 이 수술은 빠르게 사라져 현재는 아주 드물게 시술되고 있다.

뉴질랜드의 소설가 자넷 프레임 Janet Frame은 1951년 엽절단 수술을 받기 직전 국가가 수여하는 문학상을 받게 되었다는 소식을 의사로부터 전해 듣고 간발의 차로 엽절단술을 받지 않았다.

신경촬영법

뇌에 대한 이해를 돕는 최근의 새로운 기술은 신경촬영법(또는 뇌 촬영법)이다.

CAT: 수천 장의 2차원 X-선 영상을 이용하여 뇌의 3차원 영상을 만들어내는 컴퓨터 단층촬영 영상장치. 최종 영상은 컴퓨터 프로그램이 만들어낸다.

PET: 양전자와 전자가 쌍소멸할 때 내는 감마선을 이용하여 컴퓨터가 기관의 단

뉴런은 세포 사이에 신호를 전달하고 받는, 고도로 발달된 구조를 가지고 있다.

면이나 생리작용을 알아내는 영상장치. PET는 방사능을 가진 추적자를 몸 안에 주입하여 이 추적자가 모이는 기관을 조사한 다는 면에서는 CAT와 다르다.

MRI : 자기 공명 영상장치는 조사하고자 하는 대상을 자기장 안에 놓고 전파를 보내 흡수되거나 발생되는 전파를 이용하여 뇌의 영상을 만들어낸다.

fMRI : 기능적 자기공명영상장치는 특정 시간에 뇌의 어느 부분이 많이 사용되고 있는지를 알 수 있는 영상장치이다. fMRI 는 뇌의 특정한 부위에 산소를 많이 포함하고 있는 혈액이 많이 포함되어 있는지를 알아내 뇌의 어느 부분이 체스를 두거나 수수께끼를 푸는 것과 같은 특정한 일을 수행하는데 관여하는 지를 알 수 있다.

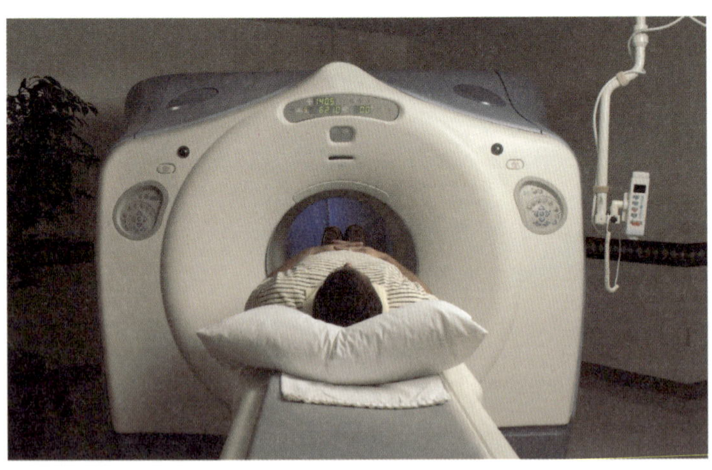

MRI 스캐너가 사람 몸 안 영상을 모으고 있다.

진화와 발전

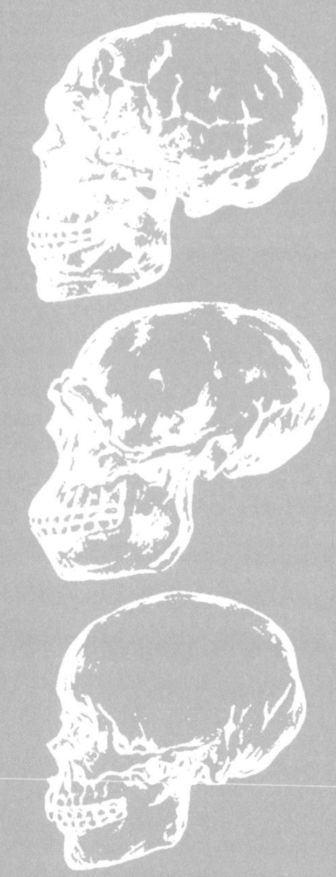

 ## 뇌의 진화

뇌가 어떻게 진화해왔는지에 대해 많은 것을 알지는 못하지만 우리는 지난 6억년 동안 신경 체계가 형성되는 과정에서 네 가지 중요한 변화가 있었다는 것은 알고 있다.

1. 뇌는 점점 중앙집중적으로 변해왔으며 계층적인 체계를 갖추게 되었다. 뇌는 히드라나 해파리에서 발견되는 느슨한 뉴런의 집합으로부터 오늘날 고등 포유동물에게서 발견되는 복잡하고 분화된 기능을 가진 뇌로 진화했다.
2. 뉴런과 감각기관은 점점 몸의 한 끝에 위치하게 되었다. 이런 진화과정을 뇌 형성 과정이라고 부른다.
3. 뇌의 복잡성이 증가했다. 뇌는 현재 더 많고 더 복잡한 요소들

을 포함하게 되었다.

4. 일반적으로 뇌는 후천적인 환경 요구에 반응하고, 정보를 저장 추출하며, 새로운 운동 방법을 배우고 그대로 행동하는 능력인 성형성이 증가하는 방향으로 발전했다.

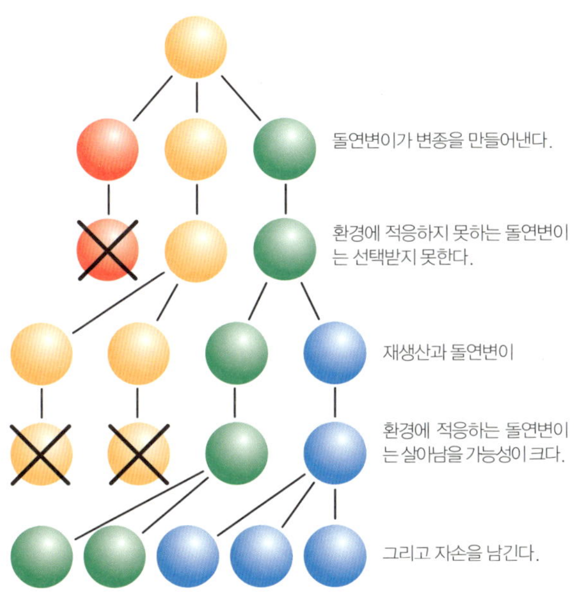

다윈의 자연선택 이론: 종 안에서 더 나은 인자를 가진 돌연변이는 살아남고, 그렇지 못한 돌연변이는 도태되어 진화가 일어난다.

자연선택

뇌가 어떻게 진화해왔는지 이해하기 위해서는 다윈의 진화론이 어떻게 작동하는지 알아야 한다. 다윈의 자연선택 이론은 기본적으로 다음과 같다.

1. 모든 종은 한정된 먹이로 지탱할 수 있는 수보다 더 많은 수의 개체를 만들어내기 때문에 자연은 항상 경쟁적이다.
2. 모든 종의 개체들은 어느 정도 다른 점이 있다. 예를 들면 특정한 여우는 다른 여우보다 더 잘 달릴 수 있고, 어떤 여우는 다른 여우들보다 더 나은 시력, 또는 청력을 가지고 있을 수 있으며, 더 날카로운 이빨, 더 나은 위장 기술, 또는 더 좋은 뇌를 가질 수 있다.
3. 사냥 전략을 짤 수 있는 뇌와 같이 개체에게 도움이 되는 특성을 가진 변종은, 공격하기 전 소리를 지르는 등 사냥감을 쫓아내는 뇌처럼 살아남는데 도움이 되지 못하는 특성을 가진 변종보다 살아남을 가능성이 크다.
4. 따라서 충분히 오랜 시간이 지난 후에는 좋은 특성을 가진 변종의 수가 그렇지 못한 변종의 수보다 많아질 것이다.
5. 자연선택이 작동할 수 있도록 하는 변종이 존재하는 한 진화는 이와 같은 방법으로 계속된다.

 무척추동물

가장 간단한 신경체계는 뇌가 아니라 독립적인 신경세포들이 서로 연결되어 구성된 '신경망'이었다. 신경망을 가지고 있는 가장 대표적인 생명체는 해파리이다. 해파리의 몸에 자극을 가하면 신경망이 반응해 율동적 수축운동을 만들어낸다.

해파리는 빛, 화학적 자극, 기계적 자극을 감지하며, 균형을 유지하는 로팔리움rhopalium이라고 불리는 구조를 가지고 있다. 이 구조로 인해 먹이를 구할 수 있고, 위험에 대처할 수 있으며, 위로 올라갈지 아니면 아래로 내려갈지를 결정하고, 빛을 향해 가고 있는지 아니면 빛에서 멀어져 가는지를 알게 된다.

신경망은 자포동물문과 관계가 있다. 히드라와 말미잘 같은 동물들도 신경망을 가지고 있는 동물들이다.

상자해파리 box jellyfish 의 기이한 눈

실제로 해파리는 아니지만(상자해파리는 상충강에 속하고, 해파리는 해파리강에 속한다.) 상자해파리도 신경망을 가지고 있다. 그러나 해파리와는 달리 24개의 눈으로 이루어진 능동적인 시각 체계를 가지고 있다. 여섯 개의 눈이 하나의 집단을 이루고 있으며, 이 눈들의 집단은 상자해파리 몸의 네 면에 분포해 있다. 상자해파리는 24개의 눈 중 열여섯 개의 눈은 단순히 빛을 감지할 수 있는 구멍이고 각 집단에서 두 개의 눈은 비교적 정교한 구조를 가지고 있어 선명한 영상을 만들 수 있다. 그러나 상자해파리 눈은 망막이 눈에 너무 가까이 있어 선명한 상이 아니라 흐릿한 상만 만들 수 있다.

상자해파리의 기이한 점은 이뿐만이 아니다. 상자해파리는 뇌를 가지고 있지 않을 뿐만 아니라 인식된 정보를 다룰 어떤 기관도 가지고 있지 않다. 현재 우리는 상자해파리가 여러 개의 눈이 감지한 시각정보를 어떻게 처리하는지 알지 못한다.

해파리가 동물이라는 것을 처음 알게 된 것은 18세기였다. 그때까지는 해파리를 식물로 생각했다. 해파리는 호흡기관이나 순환기관, 소화기관, 그리고 우리가 이미 이야기했던 것처럼 중앙 신경체계를 가지고 있지 않기 때문에 그렇게 생각한 것도 당연하다. 그러나 이런 것이 해파리가 오래 사는 데 장애가 되지 않는다는 것이 밝혀졌다. 해파리의 한 종류인 투리톱시스 뉴트리큘라turritopsis nutricula는 미성숙 상태인 폴립 상태와 성체 상태를 무한하게 반복함으로써 영원히 죽지 않고 살아갈 수 있다.

상자해파리는 맹독을 가지고 있는 것으로 잘 알려져 있다. 상자해파리에 쏘이면 극심한 통증을 느끼게 되고 목숨을 잃기도 한다.

지렁이

지렁이는 동물 중에서 가장 간단한 중앙 신경계를 가지고 있는 동물이다. 지렁이 중에서 가장 단순한 형태인 편형동물은 두 개의 갱글리아^{ganglia}(신경절)라고 부르는 뇌와 비슷한 구조를 몸의 한쪽 끝에 가지고 있고, 이로부터 몸의 옆을 따라 신경이 연결되어 있다. 지렁이는 이 갱글리아와 연결된 감각기관을 가지고 있어 빛과 먹이를 감지할 수 있다.

가장 흔한 형태의 지렁이는 매우 단순한 '뇌'를 가지고 있어 여기서 신경이 나와 몸의 끝까지 연결되어 있다. 이러한 구조는 사람을 포함해 집중 신경계를 가지고 있는 모든 동물의 기본적인 신경체계의 구조이다. 그러나 지렁이의 뇌는 복잡한 기능을 하는 다른 고등 동물의 뇌처럼 생명을 유지하는데 꼭 필요하지는 않다. 지렁이는 뇌를 잘라내도 움직일 수 있고, 먹이를 먹으며 짝짓기를 할 수도 있다.

곤충의 뇌

곤충의 신경계는 해파리나 지렁이가 가지고 있는 신경망보다는 훨씬 복잡한 체계를 가지고 있다. 그러나 전체적인 구조는 아직 단순한 편이다. 곤충의 신경계는 복부 뇌와 신경세포로 연결되어 몸의 끝까지 분포되어 있는 쌍으로 된 뉴런의 집합체인 일련의 신경절로 이루어졌다.

첫 번째 쌍인 전대뇌는 겹눈과 연결되어 있어 시각을 담당한다. 두 번째 쌍인 중대뇌는 촉수가 받아들이는 정보를 처리한다. 세 번째 쌍인 후대뇌는 감각기관이 받아들인 정보를 처리하고 복부신경삭을 통해 뇌와 다른 신경절을 연결하는 역할을 한다. 뇌의 바로 아래 있는 식도하신경절 역시 중요한 역할을 하는데 이는 입과 침샘을 지배한다.

곤충의 뇌의 크기는 수 ㎜ 정도밖에 안 되지만 기능은 대단하다. 곤충의 뇌는 촉수와 눈을 통해 들어오는 정보를 처리할 뿐만 아니라 곤충이 다양한 행동을 할 수 있도록 한다.

다양한 형태의 운동: 곤충은 기고, 뛰어오르고, 날고, 굴을 파고, 수영을 하는 것과 같은 다양한 운동을 한다.

복잡한 사냥 전략: 암컷 말벌은 모충의 몸 안에 독을 주입하여 모충을 마비시키고, 그 안에 알을 낳아 새끼가 부화했을 때 모충의 몸을 먹고 자라도록 한다.

정밀한 방향 탐색 능력: 꿀벌은 복잡한 춤을 추어 다른 꿀벌들에게 어디에 꽃이 있는지를 알려준다.

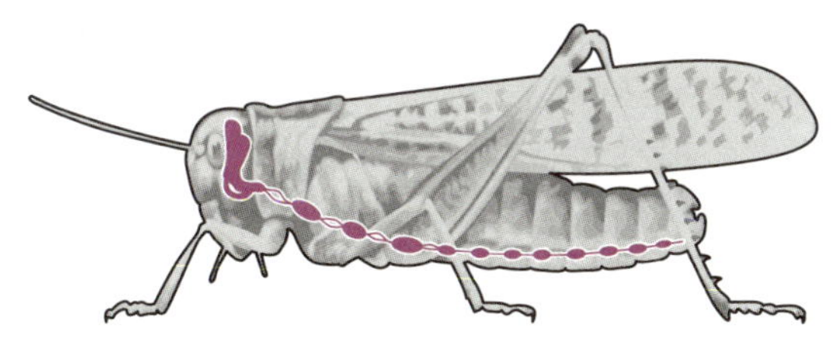

곤충의 뇌와 복부신경삭

문어의 뇌

　문어는 무척추 동물 중에서 가장 정밀한 뇌와 신경계를 가지고 있는 것으로 알려져 있다. 문어의 뇌와 신경계는 3억 개의 뉴런을 포함하고 있으며, 대부분은 여덟 개의 다리에 분포해 있는 신경삭에 포함되어 있다. 이들은 문어가 빨판과 화학적 감각기관을 통해 주변과 상호작용하는 것을 도우며, 움직이고, 방향을 알아내고, 먹이 찾기가 가능하도록 한다. 문어는 비교적 지능이 높은 편이어서 단기기억은 물론 장기기억도 가능하다. 과학자들의 의견이 일치된 것은 아니지만 문어가 관찰을 통해 학습할 수 있다는 증거도 발견되었다. 문어는 문양과 모양을 구별할 수 있도록 훈련시키는 것이 가능하며, 가재의 은신처를 찾아내는 것과 같은 정교한 사냥기술을 구사할 수 있고, 인상적인 방향 탐지 능력을 가지고 있다.

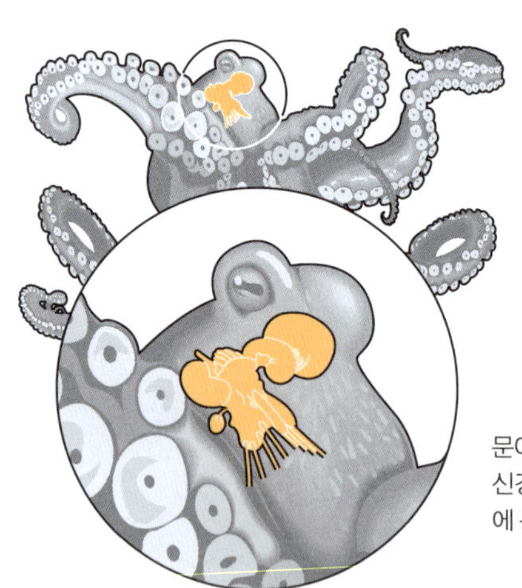

문어 신경계의 일부만 뇌에 집중되어 있다. 신경세포의 3분의 2는 다리에 있는 신경삭에 분포해 있다.

척추동물로의 진입

화석에 나타나는 최초의 척추동물은 캄브리아 생명 폭발 직후 진화가 빠르게 진행되던 5억년 전에 살았던 것이다. 그러나 척추동물은 이 시기보다 이른 시기에 진화했던 것이 틀림없다. 척추동물은 수적인 면에서 자연계에서 가장 진화된 동물이다. 이러한 사실은 이들의 신경계의 구조를 통해서도 알 수 있다. 척추동물의 뇌는 척추 맨 위쪽에 있는 뇌간에서 시작되는 일련의 복잡한 구조로 구성되어 있다. 척추 안에 들어 있는 척색은 뇌와 몸 안의 다른 부분 사이에서 정보를 전달해주는 역할을 한다.

척추동물은 등을 통해 몸을 지탱해주는 기관을 가지고 있는 척삭동물문에 속한다. 척추동물의 경우에는 척추가 이 역할을 한다.

파충류의 뇌

진화의 측면에서 보면 사람의 뇌 중에서 가장 오래된 부분은 심장의 박동이나 호흡과 같은 가장 기본적인 기능을 지배하는 뇌간이다. 때로 뇌간은 파충류의 뇌라고도 불린다. 뇌간을 파충류의 뇌라고 부르는 것은 진화 과정에서 가장 먼저 발달했기 때문이기도

하고 현재 파충류의 뇌와 유사하기 때문이기도 하다.

파충류의 뇌는 세 개의 주요 구조를 가지고 있다. 전뇌는 냄새를 맡고 맛을 알아내는 일을 맡고 있으며, 중뇌는 시각을 담당하고, 후뇌는 균형과 청각을 담당한다. 양서류와 같은 초기 척추동물은 냄새를 맡는 기능이 상대적으로 중요했기 때문에 전뇌가 가장 큰 구조를 가지고 있었다. 그러나 지상에서 생활하는 파충류의 등장으로 청각과 시각의 중요성이 커지자 중뇌와 후뇌가 더 중요하게 되었다. 이것은 파충류의 뇌가 초기 척추동물의 뇌보다 상대적으로 복잡한 것을 설명해준다.

삼위일체 뇌^{triune brain}

삼위일체 뇌는 폴 맥린^{Paul D. MacLean}이 제안한 사람의 뇌를 진화 단계에 따라 세 부분으로 나누는 뇌의 모형을 말한다. 이 모형에 의하면 뇌는 다음과 같은 세 부분으로 이루어져 있다.

대뇌피질: 이성적인 뇌로 사람을 비롯한 영장류와 관계 있는 부분이다. 맥린은 대뇌피질을 '발명의 어머니이고 추상적인 사고의 아버지'라고 했다.

R-구조: 뇌의 가장 오래된 부분으로 뇌간과 소뇌를 포함하는 부분.

대뇌변연계: 편도체, 시상하부, 해마를 포함하는 구조. 최초의

포유동물이 등장하면서 중요하게 되었다.

중요한 점은 대뇌피질이 다른 두 부분의 상층에서 모든 것을 결정하는 상하구조가 아니라는 것이다. 감정이나 욕망과 같은 것들이 좀 더 원시적인 R-구조나 대뇌변연계와 관계되어 있는 경우도 있다.

때문에 맥린의 생각은 일반인들에게는 많은 영향을 주었지만 과학계에서는 받아들여지지 않았다.

인식이 가능한 대뇌피질을 발전시킨 최초의 포유동물은 아마 약 2억 년 전에 살았던 유시노돈트스eucynodonts일 것이다. 이들이 뛰어난 사냥꾼이 될 수 있었던 것은 더 많은 뇌의 기능으로 인해 다양한 감각기관을 통해 수집한 정보를 이용할 수 있었기 때문이었을 것이다. 그리고 적어도 초보적인 감각기관을 이용하여 학습하고 계획을 세우는 것이 가능했을 것이다.

포유동물의 등장

세 부분으로 구성된 기본적인 파충류의 뇌 구조는 그대로 남았지만 초기 포유류의 뇌에는 대뇌피질과 신소뇌가 더해졌다. 대뇌피질은 진화의 위대한 승리였다. 대뇌피질은 진화의 마지막 단계에 나타났을 뿐만 아니라 사고, 기억, 학습과 같은 고도의 지적 기능을 수행한다.

대부분의 포유류에서 대뇌피질은 뇌의 다른 부분에 비해 비교적 작다. 그러나 영장류와 사람의 뇌에서는 매우 중요한 역할을 한다. 사람의 뇌에서 대뇌피질은 전체 뇌 질량의 3분의 2를 차지할 만큼 중요하다. 250만 년 전에 살던 인류의 조상으로 두발 걷기를 했던 오스트랄로피테쿠스는 오늘날 인류의 뇌의 3분의1 크기의 뇌를 가지고 있었다. 그렇다면 무슨 일이 있었을까? 어떻게 사람이 이렇게 커다란 뇌를 가지게 되었을까?

지난 200만 년 동안 사람의 뇌가 이렇게 커진 이유는 알 수 없다. 그러나 많은 학자들은 다음과 같은 두 가지 이유 때문일 것이라고 주장하고 있다.

사회적 가설: 우리 조상들이 커다란 사회를 이루어 살기 시작하면서 좀 더 정교한 행동을 필요로 하게 되어 뇌가 하는 일이 많아졌을 것이다. 뇌가 하는 일이 많아지는 생활 방식으로 인

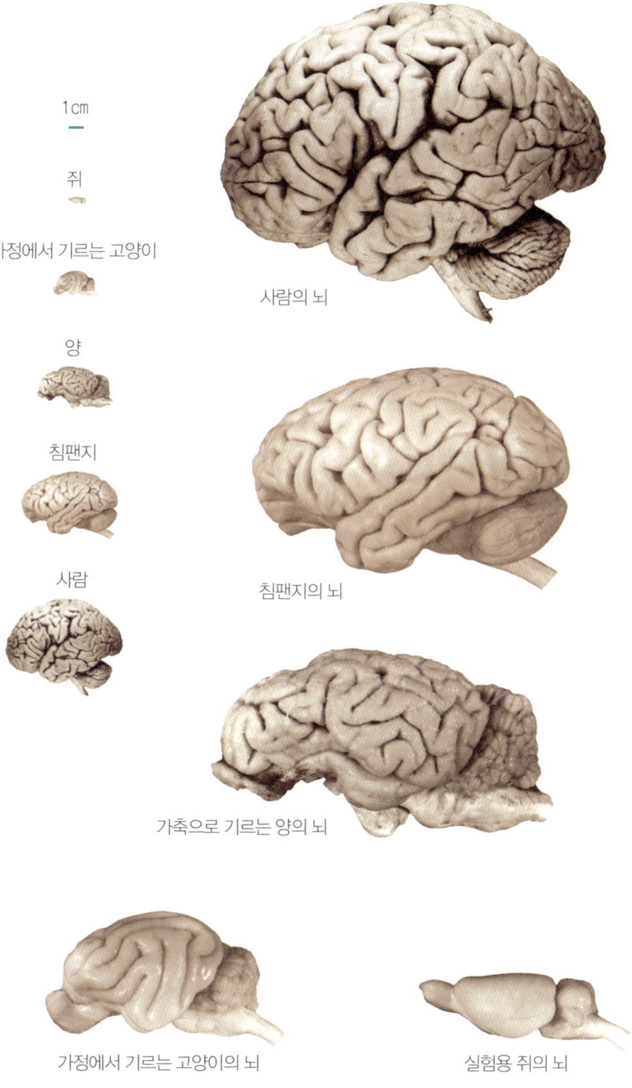

1 cm

쥐

가정에서 기르는 고양이

양

침팬지

사람

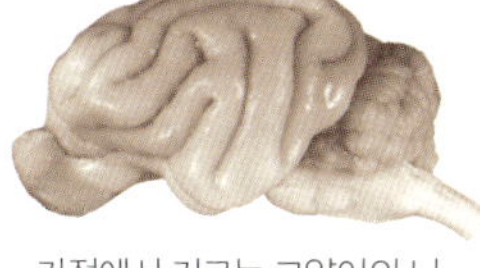

사람의 뇌

침팬지의 뇌

가축으로 기르는 양의 뇌

가정에서 기르는 고양이의 뇌

실험용 쥐의 뇌

여러 가지 포유류의 뇌 크기 비교

해 커다란 뇌를 가진 개체가 더 유리해져 결국 커다란 뇌를 가지게 되었을 것이다. 동물들이 이루는 무리의 크기와 대뇌피질의 크기 사이에 밀접한 관계가 있다는 것이 확인되었다.

언어 획득: 언어의 사용이 인류의 뇌 진화의 마지막 중요한 단계일 수 있다. 언어의 사용은 다음과 같은 것을 가능하게 했을 것이다.

- 생각과 기술을 공유하여 발전이 가능했을 것이다.
- 추정된 논리에 근거한 집단적인 계획을 수립할 수 있다.
- 인위적으로 공유한 자아의식에 바탕을 둔 사회구조를 만들 수 있다.
- 인류 문화의 등장이 가능했다.

커다란 뇌는 기술, 생각, 문화의 공유를 가능하게 해 더 오래 살아 남는데 유리했을 것이고, 따라서 더 많은 자손을 남길 수 있었기 때문에 진화에 유리했을 것이다.

사람 뇌의 발전

뇌의 발전과정을 알아보는 방법에는 진화과정을 살펴보는 방법뿐만 아니라 수정란에서 복잡한 개체로 발전해가는 발생과정을 조사해 보는 방법도 있다.

뇌가 형성되는 기본적인 과정은 다음과 같다. 임신 약 3주가 지나 태아가 작은 원반보다 조금 더 커지면 신경관이 나타나고, 곧 전뇌, 중뇌, 후뇌로 발전하는 세 개의 융기된 부분이 나타난다. 이런 과정은 빠른 세포 분열과 특성화 그리고 이동을 통해서 이루어진다. 뇌의 전체적인 모양은 임신 초기 말쯤에 볼 수 있다. 이 시기에는 최초의 전기 신호도 감지할 수 있다. 임신 두 달 후에는 대뇌가 둘둘 말린 형태를 갖추기 시작하고 단순한 뇌전도가 감지된다.

이처럼 임신 기간 동안 뇌의 크기와 복잡성이 크게 발전하지만 출생으로 인해 뇌의 발전이 완성되는 것은 아니다. 실제로 뇌는 사춘기 전까지는 완전히 성숙되지 않는다.

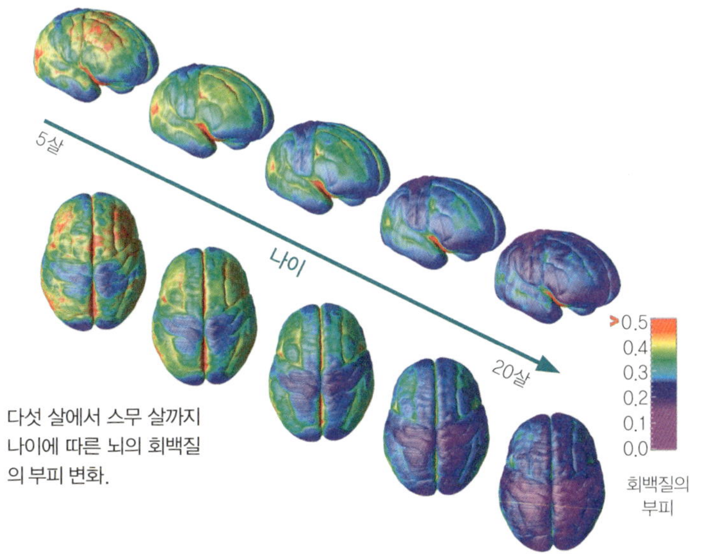

다섯 살에서 스무 살까지 나이에 따른 뇌의 회백질의 부피 변화.

뉴런의 발달

뇌의 초기 발달과정에서는 수백만 신경세포의 발생과 통제된 이동을 관찰할 수 있다. 뇌가 형성되는 과정이 모두 이해된 것은 아니지만 이 과정이 놀랍기는 마찬가지이다. 우리는 현재 다음과 같은 것들을 이해하고 있다.

- 신경관이 형성된 후에 남아 있는 신경능 세포들이 신체의 여러 부분으로 이동하여 말초 신경계와 자율신경계가 만들어지는 것을 돕는다.
- 발생 초기에 신경관 벽에서 이루어지는 세포 분열은 믿기 어려울 정도로 빠르게 진행된다. 하나의 세포가 분열을 완료한 후 또 다른 분열이 완성되는데 걸리는 시간은 한 시간 남짓이다. 이에 따라 신경세포의 수는 기하급수적으로 늘어난다.
- 화학적 신호가 신경과 벽의 세포가 뉴런이 되는지 또는 중추 신경계를 지지하는 신경교 세포가 되는지를 결정하는 것 같다.
- 세포의 이동에는 세포관 벽의 안쪽에서 바깥쪽으로 이동하는 것도 포함된다. 세포관 벽이 두꺼워지면 두꺼워질수록 세포는 더 멀리 이동해야 한다.
- 선택적 이동 과정의 결과 뇌의 주요 분화가 시작되는 것과 비슷하게 신경관의 벽이 두꺼워진다.

- 대뇌피질이 안쪽에서부터 바깥쪽으로 발전한다. 가장 안쪽에 있는 층이 최초로 형성되고, 그 후에 표면층이 만들어진다. 이 것은 뉴런이 이미 존재하는 구조를 통해 이동해야 한다는 것을 의미한다.
- '줄사다리'와 비슷한 모양을 한 특수한 신경교 세포가 종착점까지 이동하는 것을 돕는다.

뇌를 구성하는 모든 뉴런이 만들어지기 위해서는 태아로 있는 동안 매분마다 평균 250만 개의 새로운 뉴런이 만들어져야 한다. 일단 신경세포가 제자리를 잡으면 성숙과정과 연결과정이 시작된다. 뉴런의 축색돌기가 수천 개의 다른 뉴런 또는 근육과 연결되기 위해 길어진다. 이 과정은 적어도 부분적으로 분자 신호에 반응하는 축색돌기 끝 신경생장원추에 의해 통제된다. 만약 분자 신호가 '인력적'이면 연결이 만들어지고, 분자 신호가 '반발적'이면 신경생장원추가 신호가 나온 부분으로부터 멀어진다.

 ## 뇌의 기형

임신기간 동안에 뇌의 형성이 제대로 이루어지지 않으면 뇌는 기형이 되며 거의 모든 경우 신경학적 결함을 발생시킨다.

뇌량(뇌들보)**의 미발생**: 시각 장애, 언어 능력 및 운동 능력의 저하, 삼키는 데 어려움을 느낀다.

활뇌증: 발육장애, 삼키기 어려움, 수명이 짧다.

댄디-워커 증후군: 안정감이 없고, 근육 제어가 불완전하며, 안구 운동에 어려움이 있다.

이밖에도 또 다른 뇌의 기형으로는 중격막 이형성증, 뉴런 이동 장애, 중격-광학 이형성증^{septo-optic dysplasia}, 선천적 수두증 등이 있다.

토막지식

임신 두 달 후에는 태아에 자극을 가해 신경이 기능을 시작했는지를 알아볼 수 있다. 따라서 반사적인 회피가 일어나게 할 수 있다.

무뇌증과 이분척추

무뇌증과 이분척추는 매우 다른 증세를 나타낸다. 무뇌증은 태어날 때부터 뇌의 많은 부분, 또는 두개골이나 두피가 없는 것을, 이분척추는 척수의 이상으로 장애가 발생하는 것을 말한다. 그러나 두 가지 모두 임신 5주 동안에 신경관이 불완전하게 폐쇄되어 나타난다는 공통점이 있다.

신경관의 한 끝이 열려 있는 것을 신경공이라고 하는데 전신경공은 앞쪽으로, 후신경공은 뒤쪽으로 열려 있다. 만약 전신경공의 폐쇄가 일어나지 않으면 무뇌증이 되고, 후신경공이 폐쇄되지 않으면 이분척추가 된다.

무뇌증 치료 방법은 없으며 단지 증상 완화를 위한 치료만 가능하다. 무뇌증의 예후는 매우 나쁘다. 많은 경우 무뇌증의 태아는 사산되는 경우가 많고 태어난다고 해도 몇 시간에서 며칠 동안만 살 수 있다. 이분척추의 예후는 종류에 따라 달라서 아무런 증상이 없는 경우에서부터 하지가 마비되는 경우까지 다양하다.

우리는 아직 왜 신경관이 폐쇄되지 않는 일이 일어나는지 알지 못하고 있다. 다만 유전적인 요인이 영향을 준다는 증거가 있고, 특정한 종류의 치료가 신경관 결함을 증가시킬 가능성이 있다는 것도 알려져 있다. 그러나 현재로서는 이러한 결함은 유전적 요인과 환경적인 요인 모두의 영향으로 나타난다고 생각하고 있다.

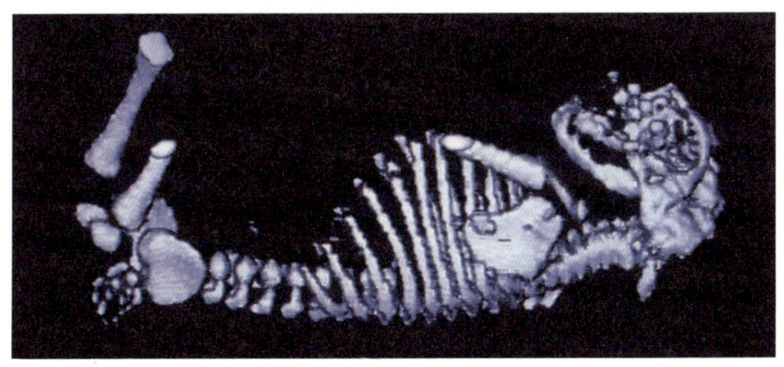

무뇌증을 가진 태아의 골격구조를 스캔한 사진. 이 태아는 두개골, 특히 머리뼈를 제외한 다른 골격은 잘 발달되어 있다. 뇌의 대뇌반구가 제대로 형성되지 않는 무뇌증은 치명적이다.

유전자와 환경

뇌의 발달과정은 유전자에 기록된 정보에 의해서만 이루어지는 것으로 알고 있는 경우가 많다. 그러나 그것은 사실이 아니다. 뇌가 형성되고 뉴런 사이의 시냅스 연결의 수정과 적용, 그리고 신경의 경로 등이 만들어지는 특정한 방법은 환경적 요소의 영향을 받으며 완성된다. 뇌가 성형성을 가지는 것은 이 때문이다. 태어날 때 뇌의 무게는 350g 정도로 완전히 성숙했을 때 무게의 3분의 1밖에 안 된다. 유아기 이후 자라나는 부분의 대부분은 기억과 학습에 필요한 뉴런의 연결에 의한 것이다.

출생 후의 발달

뇌의 형성은 태어나기 전에 모두 완성되는 것이 아니다. 갓 태어난 신생아 뇌의 시냅스 연결은 완성되지도 않았고, 고정되어 있지도 않다. 뇌의 성형성은 대뇌피질이 변형되고 새롭게 조직될 수 있는 가능성 때문이다. 어린 아기였을 때는 이러한 과정이 빠르게 진행되지만 차츰 그 속도가 느려진다.

나이가 많아질수록 뇌 안에 포함되어 있는 뉴런의 수가 감소하는 것이 사실이기는 하지만 나이가 많아진다고 새로운 뉴런의 연결 능력도 사라진다고 생각하는 것은 잘못된 정보이다. 알츠하이머나 파킨슨씨병과 같이 신경계에 이상이 생기는 질병에 걸리지 않는다면 늙은 나이에도 이러한 능력을 유지할 수 있다.

뇌의 성장

나이	무게
태어남	뇌의 무게는 350g.
6개월	최종 뇌 무게의 50%
1년	약 950g
2년	최종 뇌 무게의 75%
5년	최종 뇌 무게의 90%
10년	최종 뇌 무게의 95%
12년	최종 뇌 무게는 약 1500g

신경발달 장애

뇌가 형성되는 과정이 복잡하다는 것은 발달과정에 많은 장애가
발생할 수 있다는 것을 의미한다. 그리고 실제로 많은 종류의 발달
장애가 발생하고 있다.

장애	증상
집중력 부족 장애	초등학생의 3~5%
언어 장애	초등학생의 3~5%
학습능력 결함	초등학생의 5%
뇌전증(간질)	모든 사람의 1%

전반적 발달 장애	모든 사람의 0.1%
투렛 증후군	1000명 중 0.5명
정신지체	모든 사람의 1%
뇌성마비	초등학생의 0.2%

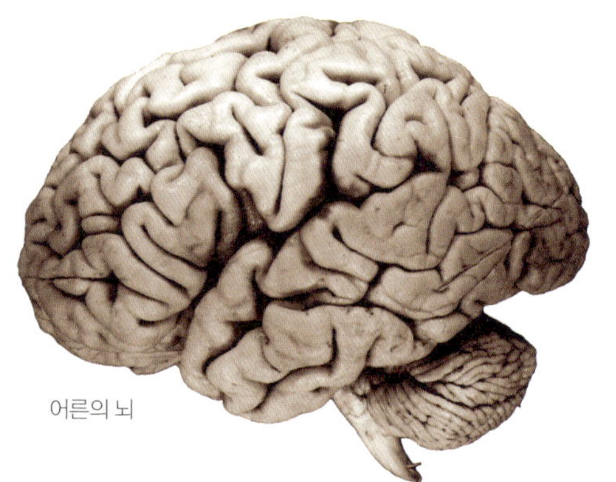

어른의 뇌

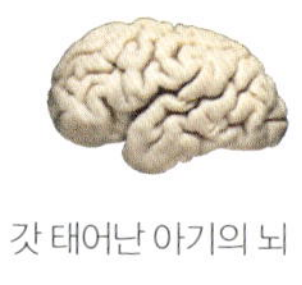

갓 태어난 아기의 뇌

어른 뇌(좌측)의 평균 크기는 너비가 140㎜, 길이가 167㎜, 높이는 93㎜이다. 갓 태어난 아기의 뇌 크기는 어른 뇌 크기의 4분의 1 정도이다.

인식능력과 도덕성의 발달

출생 후의 뇌 발달 과정이 인식능력에 영향을 준다는 것을 이제는 모두 알고 있다. 심리학자들은 설문지를 이용하여 인식능력과 도덕성의 발달과정에 대해 연구했다. 그중 장 피아제^{Jean Piaget}와 로

렌스 콜버그^{Lowrence Kohlberg}는 이 분야에서 뛰어난 연구 업적을 남긴 학자들이다.

인식능력의 발달

장 피아제는 인간은 특정한 인식능력이 나타나는 유전적으로 결정된 시간표를 가지고 있다고 주장했다. 다섯 살짜리 어린이가 세상을 경험하고 반응하는 방법과 열두 살짜리 아이가 세상을 경험하고 반응하는 방법이 다르며, 어른이 세상을 경험하고 반응하는 방법 역시 다르다는 것이다.

피아제는 뚜렷이 구분되는 네 개의 발달단계가 있다고 주장했다.

단계	나이	특징
감각운동기	0~2세	대상 연속성–자신과 상호작용하고 있는 대상들이 독립적으로 연속하여 존재한다는 것을 아는 인식능력.
전조작기	2~7세	어린이의 상징이나 언어 사용 능력 발달. 그러나 논리적 원리를 적용하는 능력이나 직접적으로 경험하는 것 이상의 일반화 능력은 아직 없다.
구체적 조작기	7~11세	이 단계에서 논리적 원리를 적용하는 능력이 발달하기 시작하며 다른 입장이나 시각에 대해서도 이해하기 시작한다. 이 단계가 되면 덜 이기적이 된다.
형식적 조작기	11~15세	이 단계는 추상적인 논리를 적용하는 단계이다. 피아제에 의하면 모든 사람들은 20세가 되면 이런 능력을 갖게 된다.

피아제는 인식능력의 발달은 기본적으로 뇌의 형성 과정과 밀접

한 관계가 있다고 강조했지만, 환경적인 요인도 중요한 역할을 한다고 믿었다. 특히 그는 지적 능력의 발달과정이 현재 존재하는 정신 상태의 테두리 안에서 새로운 경험을 이해할 수 없어서 그것을 수정해야 될 때 진행된다고 주장했다. 이러한 피아제의 주장은 강력한 비판의 대상이 되기는 했지만 그의 연구는 교육 분야에 엄청난 영향을 주었다.

인류만이 대상연속성을 인식할 수 있는 것은 아니다. 예를 들면 원숭이도 용기 아래 숨겨놓고 섞어버린 먹잇감과 같은 숨겨진 물체의 운동을 추적할 수 있는 정신적인 능력을 가지고 있다. 이런 것이 그다지 인상적으로 보이지 않을 수도 있지만 개나 고양이를 포함한 대부분의 동물은 이런 능력을 가지고 있지 않다.

도덕성의 발달

심리학자인 로렌스 콜버그는 도덕성을 시험하기 위해 하인츠 딜레마 Heinz Dilema 라고 부르는 시나리오를 소개했다. 하인츠 딜레마에서는 맞거나 틀린 답을 골라내는 것이 아니라 (실제로 맞거나 틀린 답이 존재하지 않는다.) 사람들이 어떤 이유로 그런 결론을 이끌어냈는지를 알아본다.

하인츠 딜레마 Heinz Dilema

하인츠의 아내가 죽어가고 있다. 하인츠는 아내의 목숨을 살리기 위해 제정신이 아닌 상태에서 온갖 노력을 하고 있다. 그는 아내를 구할 수 있을지도 모르는 약이 있다는 것을 알게 된다. 그러나 이 약은 단 하나의 가게에서만 살 수 있다. 불행하게도 이 약은 엄청나게 비싸서 하인츠는 그것을 살 형편이 되지 못한다. 하인츠는 사람들에게 돈을 빌리지만 약값의 반 정도를 겨우 마련했을 뿐이다. 하인츠는 가게 주인에게 아내가 죽어가고 있다는 이야기를 하고 약을 싼값에 팔거나, 후에 차액을 지불하게 해달라고 간청한다. 하지만 가게 주인은 그 가격에도 많은 이익을 남길 수 있음에도도 불구하고 "안 된다."고 말한다. 하인츠는 너무 절망적이 되어 가게를 부수고 들어가 약을 훔친다.

하인츠가 한 일은 옳은 것인가?

콜버그는 이런 시나리오를 통해 도덕성이 단계적으로 발달한다는 것을 알 수 있다고 주장했다. 다른 단계의 지적 발달 상태에 있는 사람들은 그들의 도덕적 판단에 대해 다른 이유를 댄다. 예를 들어 어린 아이들이 하인츠의 행동을 판단하는 근거는 어른들의 판단 근거와 다르다.

콜버그는 도덕성 발달단계를 세 등급으로 나누었다. 각 등급은 다시 두 단계를 포함하고 있다. 그는 도덕성 발달을 인식능력의 발달과 연계시키기는 했지만 도덕성 발달이 나이가 들어감에 따라 저절로 이루어지는 것이 아니라 개인의 습득 노력, 사고능력, 도덕성에 대한 대화 등이 필요하다고 주장했다.

콜버그의 도덕성 발달 단계

수준	나이	반응
전기 관습적 수준	어린아이에서 청소년기	1단계: 옳고 그름이 권위나 처벌에 의해 결정됨(예를 들면 어린 아이들은 도둑질은 처벌받는 일이기 때문에 하인츠가 옳지 않은 일을 했다고 판단한다.) 2단계: 행동에 보상이 따르는가?
관습적 수준	청소년기에서 어른	윤리의식이 사회적 그룹과 밀접한 관계를 가진다. 1단계: 다른 사람에게 칭찬을 받을 수 있는 행동이 좋은 행동이다. 2단계: 법을 지키고 의무를 지키는 것이 좋은 행동이다.
후기 관습적 수준	전체 인구의 20%	추상적인 가치를 추구함. 정의, 인권, 인간의 존엄성 등이 판단의 근거가 됨.

뇌와 인식

 ## 인간의 지능

다윈적인 진화는 자연계에 많은 놀라운 것들을 만들었다. 그 안에는 치타의 빠른 몸놀림이나 복잡하면서도 정교하게 만들어진 거미줄도 있다. 그러나 진화의 가장 위대한 업적은 우리가 추상적이고 논리적인 사고, 문제해결 능력, 언어의 사용, 학습과 기억을 할 수 있도록 하는 뇌의 한 부분인 대뇌피질을 만들어낸 것이다. 인간은 우주에서 이런 능력을 가진 유일한 존재이다.

지능의 정의

린다 고트프레드슨 Linda Gottfredson 등: 지능은 논리적 사고, 문제 풀이, 추상적 사고, 복잡한 아이디어의 이해, 빠른 학습, 경험으로부터의 학습을 가능하게 하는 일반적인 정신적 능력이다. 지적 능력은 단지 책을 통한 학습이나 학교에서 배우는 좁은 의미의 기술 습득 능력이나 시험에서 좋은 점수를 받는 능력만을 가리키는 것이 아니라 주변과 사물을 이해하고, 무엇을 해야 하는지를 이해하는 더 넓고, 더 깊이 있는 능력을 뜻한다.

데이비드 웩슬러 David Weschler : 지능은 합목적적으로 행동하고, 이성적으로 사고하며, 환경과 효과적으로 타협할 수 있는 종합적이고 전반적인 능력이며 특정한 일을 수행하는 독립적인 능력이 아니라 전체적인 인격의 한 면이다.

루이스 터만 Lewis Terman : 지능은 추상적인 사고를 할 수 있는 능력이다.

알프레드 비네 Alfred Binet : 지능은 판단, 훌륭한 감각, 현실적인 감각, 주도적 사고, 자신을 상황에 적응시키는 능력이다.

시릴 버트 Cyril Burt : 지능은 선천적인 일반적 인식능력이다.

로버트 스텐버그 Robert J. Sternberg : 지적능력을 정의해달라는 요구를 받은 전문가의 숫자만큼 많은 수의 지능에 대한 정의가 존재할 것이다.

지능이 높은 사람들로 이루어진 단체

지능이 높은 사람들로 구성된 가장 유명한 조직으로는 국제 멘사^{mensa International}가 있다. 이 단체에 가입하기 위해서는 지능지수, 즉 IQ가 최상위 2% 내에 들어야 한다. 그러나 이보다 엄격한 단체들도 있다. 가장 높은 수준의 지능을 요구하는 단체는 기가 협회^{Giga Society}로, 이 단체에 가입하기 위해서는 IQ가 196 이상이어야 한다. 현재 기가 협회의 회원은 여섯 명이다.

단체	퍼센트	퍼센타일	IQ
국제 고지능 협회	5%	95	126
국제 멘사	2%	98	132
인터텔	1%	99	137
시 천재 협회	0.5%	99.5	141
무한대 국제 협회	0.37%	99.63	143
대뇌협회	0.3%	99.7	144
뉴로쿠보	0.2%	99.8	146
CIVIQ 협회	0.13%	99.87	148
철학적 토론을 위한 국제 협회	0.1%	99.9	149
글리아 협회	0.09%	99.91	150
ISI 협회	0.07%	99.93	151
sinApsa 협회	0.05%	99.95	153
버텍스	0.009%	99.991	160
프로메테우스 협회	0.003%	99.997	164
울트라넷	0.001%	99.999	168
메가 협회	0.0001%	99.9999	179
OLYMPIQ 협회	0.00003%	99.99997	180
기가 협회	0.0000001%	99.99997	196

 손안의 브레인

지능의 측정

지능이 정확히 무엇을 의미하는지에 대한 합의(대부분의 경우 '추상적이고 논리적인 사고 능력'이라는 정의가 충분하기는 하지만)가 이루어진 것은 아니다. 따라서 지능을 측정하는 많은 방법이 제안되었다. 비네-사이먼 지능 검사(1905), 스탠퍼드-비네 IQ 테스트(1916), 웩슬러 성인 지능 검사 III(1955), 커텔 컬처 페어 테스트 III(1957)과 같은 것들이 대표적인 지능 테스트 방법이다.

지능 테스트는 보통 제한된 시간 동안 일련의 짧은 질문에 대답하는 방법으로 이루어진다. 질문들은 지능의 여러 가지 측면을 조사할 수 있도록 설계되었다. 예를 들면 웩슬러 성인 지능 검사 III(WAIS-III)는 다음과 같은 내용을 포함하고 있다.

어휘 : 자신이 속해 있는 문화의 언어를 얼마나 잘 이해하고 사용할 수 있는가?

정보 : 얼마나 많은 정보를 획득할 수 있는가?(예를 들면 달에 처음 도착한 사람은 누구인가?)

유사성 : 논리의 유사성(예들 들면 배, 사과, 자전거 중에서 어울리지 않는 것 찾기) 찾기.

행렬 논리 : 행렬에서의 변화를 추적하여 다음에 올 것을 결정하는 능력.

셈하기 : 암산 능력.

크리스토퍼 마이클 랭건Christopher Michael Langan은 아마 세계에서 가장 지능이 높은 사람일 것이다. 한때 나이트클럽 경비원으로 일했던 그는 생후 여섯 달만에 말을 했고, 세 살에 글을 읽었으며, SAT 시험에서 만점을 받았다. 그의 IQ는 195였다.

IQ 테스트를 받아본 사람이라면 다음과 같은 질문들이 익숙할 것이다.

1. 이것은 소위 말하는 행렬 시험으로 아홉 개의 모양이 어떤 규칙성을 가지기 위해서는 우측 맨 아래 칸에 어떤 모양이 와야 하는지를 알아내는 문제이다.

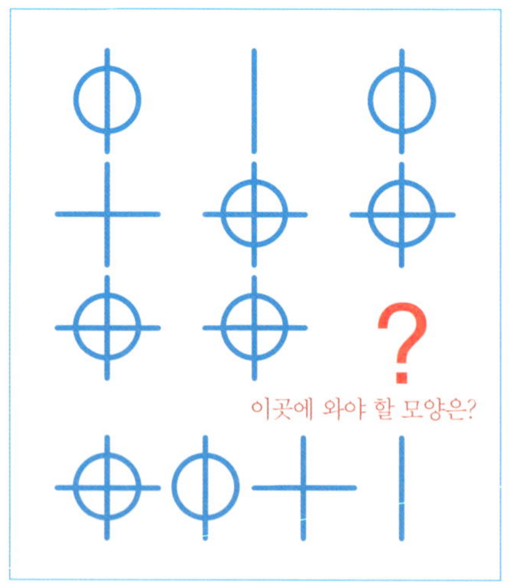

2. 에펠탑에 페인트를 칠하는데 40명이 한 시간 걸렸다면 50명
이 칠한다면 얼마나 걸릴까?

  a) 30분   b) 36분   c) 48분

  d) 56분   e) 60분   f) 66분

3. Paris와 Priam의 관계와 같은 관계를 가지는 Achilles의 짝
은?

  a) 뉴욕   b) 방콕   c) 런던

  d) 펠레우스   e) 오타와   f) 사오 파올로

(답은 이 책의 175쪽에 있음)

지능지수(IQ)

오늘날의 지능 테스트 결과는 지능지수(IQ)를 이용하여 나타낸
다는 것은 잘 알려진 사실이다. 그러나 지능지수가 무엇을 의미하
는지는 잘 모르는 경우가 많다.

지능지수는 20세기 초에 처음 등장했다. 처음에는 지능을 단순
히 '정신연령'을 이용하여 나타냈다. 예를 들어 14세인 사람들의
평균 지능을 14로 나타냈다. 지능지수는 정신연령을 실제 나이와
비교하면서 처음 등장했는데, 예를 들어 10살짜리 소년의 지능이
평균 12세인 사람들의 지능과 같다면 정신연령 12를 실제나이 10

으로 나눈 다음 100을 곱해서 얻은 값 120이 이 소년의 지능지수가 되는 것이다. 이때 소수점 이하는 생략한다.

그러나 이 값은 지능을 나타내는데 어려움이 많았다. 특히 나이가 많은 어른들에게는 적용할 수 없었다. 따라서 사람들의 지능 분포를 나타내는 정규분포를 이용하여 지능지수를 산출하는 방식으로 바뀌었다.

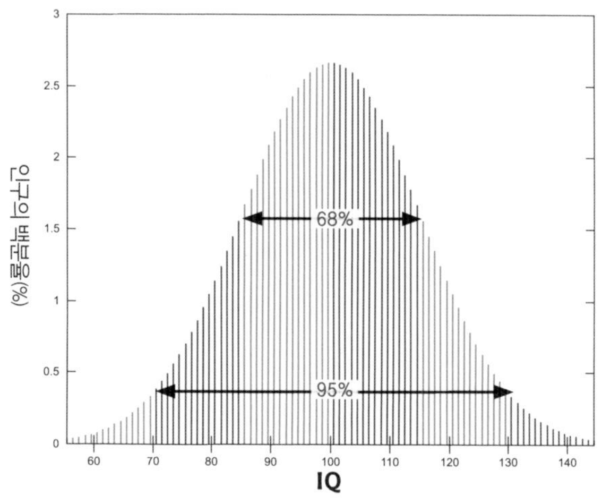

종 형태의 그래프가 IQ 분포를 나타낸다.

이 그래프에는 IQ를 계산하는데 필요한 모든 것이 포함되어 있다.

• IQ는 기본적으로 순위를 나타낸다. 예를 들면 IQ가 100인

사람은 전체 분포에서 정확하게 중간에 위치해 있다. 전체 인구의 50%는 IQ가 100보다 높고, 남은 50%는 100보다 낮다(IQ가 100인 사람은 어디에도 포함되지 않는다!).

- IQ 테스트 결과는 정규분포가 되도록 표준화되어 있다. 표준화를 위해서는 전체 인구에서 표본 집단을 추출하여 (a)테스트 결과의 평균값을 결정하고, (b)다른 주제의 질문들이 동일한 점수 분포를 나타내도록(다시 말해 테스트를 신뢰할 수 있도록, 즉 한 번 이상의 테스트를 받아도 같은 결과를 얻을 수 있도록) 조정한다.

- 대부분의 사람들은 평균 점수 부근의 점수를 얻는다(더 정확하게 말하면 약 68%의 사람들이 평균값인 100에서 표준편차 내에 분포한다). 평균값에서 멀어질수록 이와 같은 지능지수를 가진 사람들의 수는 적어진다. 우리 주변에서 천재들을 쉽게 발견할 수 없는 것은 이 때문이다.

IQ 테스트는 무엇을 측정하는가?

이 점에 대해서는 약간의 이견이 존재하지만 IQ 테스트가 지능과 관계된 무엇인가를 측정한다는 증거는 확실하다.

- IQ 테스트는 매우 신뢰할 만하다 – 반복적인 테스트 결과는 높은 연관성을 가지고 있고, 다른 종류의 IQ 테스트 결과

를 비교해도 매우 높은 수준의 연관성을 나타낸다(예를 들면 WAIS-III 테스트에서 100을 받은 사람은 스텐퍼드-비네 테스트에서도 100을 받는다).

- IQ 테스트는 좋은 표면적 타당성을 가진다. 다시 말해 IQ 테스트는 측정하고자 하는 것을 실제로 측정하고 있다는 것을 의미한다. 이를 증명하는 가장 중요한 증거는 IQ 테스트 결과가 높게 나온 사람들은 교육이나 연구와 같이 높은 지능을 가진 사람들이 유리한 분야에서 비교적 훌륭한 성과를 거두고 있다는 것이다.

IQ 테스트가 무엇인가를 측정한다면 그것은 무엇인가?

일반적인 지능과 같은 것은 존재하지 않는다고 주장하는 사람들도 있다. 실제로 같은 사람이라도 여러 면에서 다른 능력을 가지고 있다는 것이다. 예를 들어 언어지각능력, 공간지각능력, 수리적 능력이 다르다고 주장한다. 그러나 이러한 주장을 뒷받침할 만한 확실한 증거는 없다.

g 인자

심리학자인 찰스 스피어먼^{Charles Spearman}은 인자 분석이라는 통계적인 방법을 이용하여 다양한 지적 능력을 분석한 결과 언어지각능력과 같은 한 가지 분야에서 뛰어난 사람은 다른 모든 분야에서도 뛰어나다는 것을 발견했다. 이 발견의 중요성은 일반적인 지능인자(g)가 존재한다는 것을 의미한다. 다시 말해 일반적으로 우수하다고 하는 것이 가능하다는 것이다. 그는 이 g 인자가 무엇을 포함하는지 모르지만 이것이 기억력과 밀접한 관계를 가지고 있을 것이라고 추정했다.

IQ 테스트의 쟁점

지능 테스트는 많은 비판을 불러왔다. 하지만 이런 비판의 대부분은 정치적이거나 이념적인 편견에 근거를 둔 것이었다. 그럼에도 불구하고 IQ 테스트에 심각한 문제점이 있는 것도 사실이다.

집단 사이의 차이: 사회적 계층, 종족, 그리고 성별에 따라 IQ 테스트 결과가 크게 차이나는 많은 증거들이 있다. 대부분의 사람들은 적어도 이런 차이의 일부는 사실이라고 받아들인다. 그러나 이러한 차이가 유전적인 것인지 가난이나 문화적 편견과 같은 환경적인 것인지에 대해서는 많은 논란이 있다.

구체화의 문제: 스티븐 제이 굴드 Stephen Jay Gould 와 같은 비판자들은 IQ 테스트 결과가 표준화와 수학을 이용한 인공적인 수치에 지나지 않는다고 주장한다. 이와 같이 비판하는 사람들은 한 사람의 지능을 정확하게 나타낼 수 있는 테스트 방법을 만들어낼 수 있다고 가정하는 것 자체가 오류라고 주장한다.

편향: IQ 테스트는 문화적으로 편향되어 진행된다는 것이다. 많은 IQ 테스트가 정신적인 능력을 평가하기 위해 시간제한을 둔다. 그러나 모든 문화가 속도에 대해 같은 정도의 중요성을 부여하지 않는다. 따라서 어떤 사람들은 IQ 테스트에서 불이익을 받는다는 것이다.

정치적인 문제: IQ 테스트를 행하지 말아야 한다는 주장도 있다. 특히 어떤 집단을 다른 집단과 비교하기 위한 IQ 테스트에 반대하고 있다.

진화심리학

레다 코스미즈Leda Cosmides, 존 투비John Tooby와 같은 진화심리학자들은 정신이 일반적인 목적으로 사용되는 하나의 장치라는 생각에 반대한다. 그들은 정신이 진화의 과정에서 자연선택에 의해 특정한 문제를 해결하는데 유리한 부분들이 선택된 개별적인 부분들이 모여서 이루어진 것이라고 주장한다. 이러한 주장을 뒷받침하는 하나의 증거는 웨이슨 선택Wason selection이라고 불리는 테스트를 통해 얻을 수 있다. 원래는 논리적 사고 능력을 테스트하기 위해 설계된 이 테스트는 인간의 사고 과정을 연구하는데 더 많이 이용되고 있다.

이 테스트는 참가자들에게 네 개의 카드를 주는 것으로 시작된다. 첫 번째 카드에는 앞쪽에 사각형이 그려져 있고, 두 번째 카드에는 원, 세 번째 카드에는 노란색, 그리고 네 번째 카드에는 붉은 색이 칠해져 있다. 카드를 받은 사람들에게 모든 카드가 한 면에는 모양이 그리고 뒷면에는 색깔이 칠해져 있다고 말한다. 그리고 앞 면에 원이 그려져 있는 카드의 뒷면에는 틀림없이 노란색이 칠해 져 있다는 가정이 옳은지를 확인하기 위해서는 어떤 카드를 뒤집 어 보아야 하겠느냐는 질문을 한다.

대부분의 사람들은 이 테스트에서 놀라울 정도로 낮은 점수를 받는다. 사람들의 10% 정도만이 올바른 답을 제시한다. 그러나 만 약 테스트를 약간 변경하면 갑자기 정답의 비율이 높아진다. 이번 에는 첫 번째 카드에는 '맥주를 마신다', 두 번째 카드에는 '콜라를 마신다', 세 번째 카드에는 '스물세 살', 네 번째 카드에는 '열아홉 살'이라고 쓰여 있는 카드를 나누어준 다음에 맥주를 마시는 사람 은 21세 이상이라는 가정의 진실 여부를 판단하기 위해서는 어떤 카드를 뒤집어보아야 하느냐고 물어본다. 이번에는 쉽다. 맥주를 마신다고 쓰여 있는 카드와 열아홉 살이라고 쓰여 있는 카드를(이 들이 맥주를 마시는지 확인하기 위해) 뒤집어보면 된다. 코스미즈와 투 비는 첫 번째 문제를 어렵게 생각하는 것은 우리가 이런 종류의 추 상적 사고를 하지 않도록 진화해왔기 때문이며, 두 번째 문제를 쉽 게 해결하는 것은 이러한 속임수를 쓰는 사람들을 잘 찾아내도록 진화해왔기 때문이라고 주장했다.

첫 번째 테스트의 정답은 뒷면이 노란색인지 확인하기 위해 원이 그려진 카드를 뒤집어보고, 뒷면이 원이 아니라는 것을 확인하기 위해 붉은색이 칠해진 카드를 뒤집어보는 것이다.

지능과 뇌

대부분의 심리학자들의 주장대로, 개인에 따라 달라지는 일반적인 지능이 존재한다는 것을 받아들인다면 뇌에 대한 흥미로운 질문이 생기게 마련이다. 어떤 사람이 다른 사람보다 높은 지능을 가지는 것은 뇌와 어떤 관계가 있을까 하는 의문이 그것이다.

뇌의 크기

뇌의 크기와 지능 사이에 관련이 있다는 증거들이 있다.

- 지능이 높은 동물은 몸의 크기에 비해 큰 뇌를 가지는 경향이 있다. 체중과 뇌 무게의 비율은 인간의 경우 1 :50인 반면 대부분의 포유류는 1 :180이고, 물고기는 1 :5000 정도이다.
- 두개골의 크기를 비교하는 것보다 훨씬 정확하게 뇌의 크기를 측정할 수 있는 MRI를 이용한 연구에 의하면 뇌의 크기와 IQ는 어느 정도 관련이 있다.

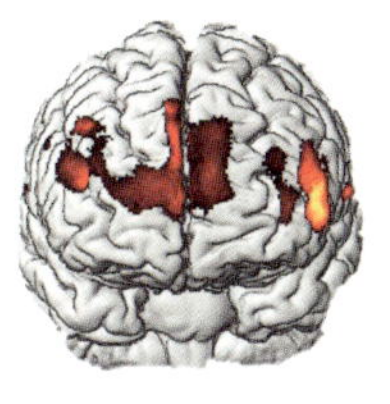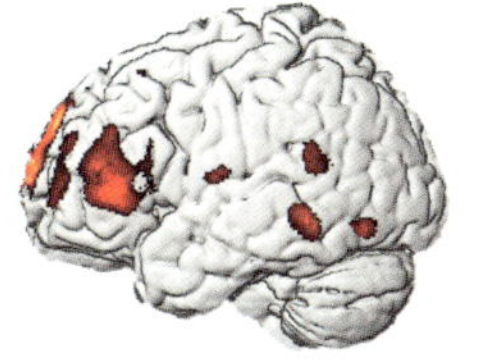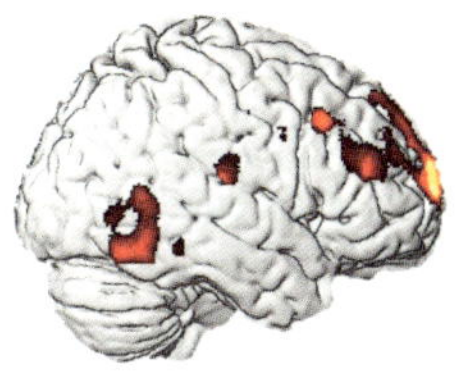

붉은색으로 표시된 부분이 IQ 테스트를 하는 동안 활동적이 되는 부분이다.

회백질

이 장의 첫 부분에서 언급했듯이 뇌의 회백질로 이루어진 대뇌 피질은 뇌에서 지능과 밀접한 관련이 있는 부분이다. 아마도 높은 지능은 회백질의 양과 관련이 있을 것으로 보인다. 최근 이런 가정이 사실이라는 증거도 발견되었다. 특히, 미국 캘리포니아 대학 어바인의 연구자들은 MRI를 이용하여 보통 사람들 47명의 회백질 부피를 측정하고 표준 IQ 테스트를 시행했다.

그 결과 전체 회백질의 크기가 아니라 뇌의 특정 부분에 포함되어 있는 회백질의 부피가 지능의 차이를 설명하는 핵심 변수라는 것을 발견했다. 더구나 뇌의 여러 부분이 지능과 관련되어 있다는 것은 개인마다 언어지각, 공간지각, 계산과 같은 특정한 과제를 수행하는 능력이 다른 이유를 설명할 수 있게 했다.

유전자인가 환경인가?

대부분의 사람들은 개인 사이의 지능 차이는 부분적으로는 유전자의 영향이고 부분적으로는 환경의 영향이라고 받아들이고 있다. 그럼에도 불구하고 지능을 결정하는데 유전 인자가 더 중요한 역할을 한다는 강력한 증거가 있다. 핵심적인 증거는 쌍둥이와 입양에 대한 연구를 통해 밝혀졌다.

- 멀리 떨어져서 자란 일란성 쌍둥이의 IQ가 함께 자란 이란성 쌍둥이의 IQ보다 비슷하다.
- 멀리 떨어져 자란 일란성 쌍둥이의 IQ 유사 정도는 우연에 의한 것(아무 관계가 없는 사람 사이의 IQ 유사성)보다 훨씬 크다.
- 입양된 아이들의 IQ는 입양한 부모보다 생물학적 부모의 IQ와 유사한 값을 보인다.

기억

윌리엄 제임스는 1890년에 기억과 관련된 다음과 같은 질문을 던져 기억에 대해 다시 생각해보는 계기를 제공했다.

왜 신이 부여한 이 능력이 지난해 있었던 사건보다 어제의 사건을, 그리고 한 시간 전의 사건을 더 잘 생각나게 할

까? 나이를 많이 먹은 후에 어린 시절 겪은 사건을 더 잘 생각해내는 것은 또 무엇 때문인가? 왜 반복된 경험에 대한 기억은 더 잘 생각해내는 것일까? 어떻게 약물, 열, 가사상태, 그리고 흥분이 오래전에 잊어버린 것들을 다시 생각나게 할까? – 이러한 능력은 절대적인 것이 아니라 어떤 조건 하에서 작동하는 것이 틀림없다. 심리학자들의 가장 흥미로운 과제는 그런 조건이 무엇인가를 찾아내는 것이다.

《심리학의 원리》

세 종류의 기억

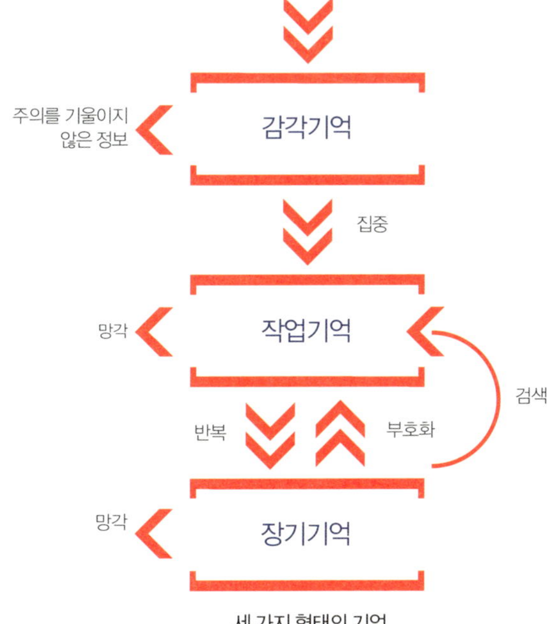

세 가지 형태의 기억

이름	유지되는 기간	용량	특징
감각기억	1초 이하	크다	감각기관에서 들어오는 정보의 자취로 남아 있는 기억
작업기억	10초~30초	5개~9개의 자료 묶음	매일 수행되는 작업을 하기 위해 가지고 있는 기억(다이얼을 돌리기 위해 기억하고 있는 전화번호).
장기기억	일생 동안 ?	한계가 없음 ?	영구 기억의 저장(검색)–사건에 대한 기억과 기술에 관한 기억

감각기억

우리 감각기관은 항상 많은 정보를 받아들인다. 이런 정보들은 처리하기 전에 일시적으로 저장된다. 감각기억과 관계된 흥미로운 사실은 감각기억의 용량이 매우 크다는 것이다. 그러나 저장된 기억의 대부분은 관심을 갖기도 전에 소멸되어 버린다(103쪽 영상 기억 참조).

작업기억

'작업기억'이라는 말은 머릿속에서 여러 단계의 계산을 할 때와 같이 단기기억에 저장되어 있는 정보를 사용할 수 있는 능력을 나타낸다. 단기기억은 기억이 유지되는 시간과 기억 용량이 한정되어 있다는 특징이 있다. 그러나 기억이 유지되는 시간과 기억 용량을 확장할 수 있는 방법이 있다.

반복: 반복은 단기기억에 10초 내지 15초 동안 정보를 유지시키는 주된 방법이다. 반복의 가장 좋은 예는 전화번호를 기억에 담아두기 위해 반복해서 읽거나 말하는 것이다.

덩이짓기: 여러 자료를 하나로 묶어 하나의 정보로 만든다. 예를 들면 2, 4, 6, 8, 10. 12. 14. 16. 18. 20라는 자료에는 10개의 자료가 포함되어 있지만 20까지의 짝수라는 하나의 정보로 묶어 기억할 수 있다.

장기기억

정보를 단기기억에서 장기기억으로 보내기 위해서는 이미 존재하는 정보의 구조와 의미 있게 연결되도록 가공되어야 한다. 정보가 성공적으로 저장되어 장기기억에 결합되면 다른 기억과의 경쟁의 문제가 남아 있기는 하지만 평생 동안 유지된다. 장기기억의 용량은 매우 커서 한 사람의 일생 동안 이것이 문제가 되지는 않는다. 그러나 이것이 저장된 기억을 언제나 끄집어낼 수 있음을 의미하지는 않는다. 검색의 문제가 망각의 원인 중 적어도 일부라는 것은 잘 알려져 있다.

영상기억 iconic memory

1960년에 조지 스펄링George Sperling은 다음과 같은 실험을 통해 아주 짧은 시간 동안 많은 양의 자료를 기억할 수 있다는 것을 보여주었다.

- 그는 한 줄에 네 단어씩 쓰여 있는 세 줄을 사람들에게 50밀리초 동안 보여주었다. 평균적으로 12개의 단어 중에서 네 단어를 기억했다. 성공률은 약 35%였다.

- 그는 같은 실험을 반복했다. 그러나 이번에는 단어들이 사라진 직후 맨 윗줄, 가운데 줄, 또는 맨 아랫줄의 단어를 기억해내라고 요구했다.

- 이런 조건 하에서는 기억 성공률이 75%로 상승했다. 사람들은 지정한 줄의 네 단어 중에서 세 단어를 기억해냈다.

- 사전에 어떤 줄의 단어를 기억해야 할지 알 수 있는 방법이 없기 때문에 이것은 모든 줄의 단어를 아주 짧은 시간 동안 기억하고 있다는 것을 의미한다. 사람들이 전체 기억 중에서 단지 일부만 생각해낼 수 있는 것은 그 기억에 관심을 가지기 전에 기억이 사라지기 때문이다.

이런 종류의 단기간의 영상기억을 감각기억의 한 부분인 아이콘 기억이라고 부른다.

뇌와 기억

기억은 뇌의 어떤 특정한 부분에만 저장되는 것이 아니라 뇌 전체에 분포해 있는 뉴런의 연결망에 의해 저장된다. 여기에서는 뉴런이 다른 뉴런과의 결합을 강하게 또는 약하게 할 수 있는 능력인 시냅스의 성형성이 핵심적인 역할을 한다.

기억과 학습은 기본적으로 뉴런 사이 연결의 강화에 의해서 일어난다. 뉴런 사이의 연결이 강화되면 일종의 직관적인 감각이 만들어진다. 예를 들어 피아노 치는 것에 익숙해지기 위해서는 피아노 치는 연습을 계속하면 뉴런이 안정적인 연결망을 형성한다. 연습을 계속할수록 피아노 치는 것이 쉬워지는 것은 더 많은 뉴런의 연결을 가지고 있으면 처음부터 모든 것을 다시 시작하지 않아도 되기 때문이다.

장기 상승작용

장기기억의 경우에는 '장기 상승작용(LTP)'이라고 부르는 일이 일어난다는 증거가 있다. 장기 상승작용은 시냅스의 연결이 장기간에 걸쳐 강화되는 현상이다. 이것은 전에 다른 사람에 의해 발견된 것이기는 했지만 테르예 로모Terje Lomo와 티머시 블리스Timothy Bliss에 의해 1973년에 발견된 후 사람들의 관심을 끌게 되었다. 그들은 마취시킨 토끼 해마의 신경을 고주파 전기로 자극하면 미래 자극에 대한 반응이 강화되고 오래 지속된다는 것을 확인했다. 또 다른 실험에서는 실제로 몇 달 동안 유지되는 정보의 통로가 뉴런의 집단 사이에 만들어지는 것이 발견되었다.

장기 상승작용에 의한 학습과 기억이 신경세포의 상호작용에 의한 것이라는 가정에는 그것을 뒷받침할 만한 이유가 있다. 특히 시냅스를 활성화시키는 사건과 그것에 의한 시냅스 연결 상태의 변화가 오랫동안 유지된다. 그러나 장기 상승작용이 어떻게 일어나는지에 대한 정확한 메커니즘은 아직 충분히 밝혀지지 않았다.

망각에 대한 이론들

망각에 대해서도 여러 가지 이론들이 제안되었다.

흔적의 쇠퇴 : 시간이 지남에 따라 기억을 구성하던 뉴런의 흔적이 옅어져 망각이 진행된다는 이론이다.

간섭 : 망각은 기억들이 서로 간섭함으로써 일어난다는 이론이다. 기억의 간섭은 먼저 있던 기억이 새로운 기억을 조직하고 검색하는데 간섭하는 선행학습의 영향을 받는 것과 뒤에 생긴 기억이 이전 기억을 검색하는데 간섭하는 후행학습의 영향을 받는 것이 있다.

의도적인 망각 : 기억하는 것이 고통스러울 경우 자체 방어 기재에 의해 망각이 일어난다는 이론이다.

기억이 잘못되는 경우

기억은 뇌의 특정한 부분에 저장되는 것이 아니라는 것은 이미 이야기했다. 그러나 뇌의 특정 부위는 기억에 있어 매우 중요한 역할을 한다는 증거가 발견되었다. 기억에서는 정보를 보존하는 것뿐만 아니라 저장하고 검색하는 메커니즘도 중요하다.

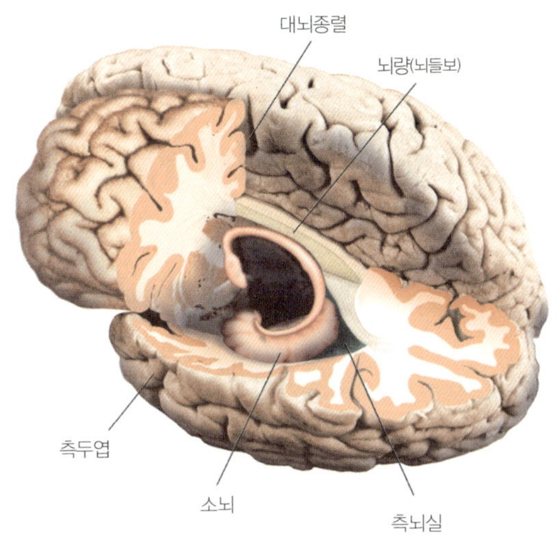

해마를 보여주는 그림, 대뇌반구 배 방향의 안쪽에 위치해 있다.

클리브 웨어링Clive Wearing의 케이스

클리브 웨어링은 바이러스성 뇌염에 걸리기 전에는 성공적인 음악가였고 지휘자였다. 그러나 뇌염이 그의 해마와 전두엽의 일부를 손상시켰다. 이로 인해 그는 뇌가 손상되기 이전의 일들은 기억할 수 있지만 뇌가 손상된 이후의 새로운 기억을 할 수 없는 순행성 기억상실증 중에서 가장 심한 경우를 겪게 되었다. 그는 매 순간마다 막 의식이 돌아온 것과 같은 경험을 해야 했다.

그는 아내 데보라^{Deborah}가 평생 동안 같이 있었음에도 아내를 만날 때마다 처음 만나는 것처럼 행동했고 단지 몇 분 동안 헤어졌다가 다시 만나도 눈물과 기쁨의 환호로 아내를 맞이했다. 그것은 그녀에게 정신적으로 큰 부담이 되었다.

웨어링의 케이스가 신경심리학적으로 중요한 것은 기억의 기능에서 해마가 핵심적인 역할을 한다는 것을 완전하게 보여주기 때문이다.

헨리 M의 케이스

그의 정신 상태는 1950년대에 고정되어 있다. 그는 지난 50년 동안 일어난 일에 대해 아무것도 기억하지 못하고 있다. 그가 이런 증세를 가지게 된 것은 1953년에 간질 치료를 위해 받았던 수술 때문이었다. 헨리를 치료한 의사는 해마가 기억에 영향을 준다는 것을 알지 못하고 해마를 제거해버렸다. 지난 50년 동안 신경학자들은 헨리의 케이스를 연구하여 기억이 어떻게 작동하는지에 대해 아주 많은 것을 알게 되었다.

- 단기기억(작업기억을 포함해서)은 장기기억과 다르다. 단기기억이 형성되는 데는 해마가 관여하지 않는다.
- 해마는 장기기억을 저장하는데 필요하다. 그러나 헨리 M.은 수술 이전의 사건을 기억해낼 수 있었다. 이것은 해마가 기억

의 검색에 필수적이지 않다는 것을 의미한다.

- 헨리는 새로운 기술을 익힐 수 있었다. 이것은 새로운 기술을 배우는데 필요한 '절차형 기억'은 사건을 장기간 기억하는 '일화기억'과 다른 메커니즘에 의해 기억된다는 것을 의미한다.

언어

장 바티스트 부일로드, 사이먼 오버틴, 구스타프 프리치, 에드워드 히치히, 폴 브로카, 그리고 칼 베르니케와 같은 과학자들의 연구에 의해 언어지각능력, 특히 말을 하고 말을 이해하는 능력에는 뇌의 앞쪽과 측두엽이 관여한다는 것이 밝혀졌다.

그러나 언어와 뇌의 일반적인 관계에 대한 좀 더 흥미로운 논란거리가 있다. 특히 언어를 배우는 능력이 어떤 방법으로든 뇌에 각인되어 있는 것이냐 하는 것에 대한 논란이 재미있다.

노암 촘스키|Noam Chomsky

노암 촘스키가 나타나기 전 언어의 습득에 대한 지배적인 이론은 경험과 훈련을 통해 습득되는 다른 학습처럼 선택적인 강화에 의해 언어도 습득된다는 것이었다. 이런 주장의 논리적 근거는 언어를 습득하는 데 필요한 특별한 뇌의 구조가 없다는 것이었다. 그보다는 언어의 습득도 학습과 기억 용량에 영향을 주는 일반적인 성형성에 의한 것이라고 생각했다.

촘스키는 이런 생각을 반대했다. 그는 1957년에 출판한 《통사 구조론*syntatic structure*》에서 인간은 언어의 구조와 원리를 이해하는 데 필요한 능력을 선천적으로 가지고 있다고 주장했다. 이 이론은 언어 사용자들이 일부분만 들은 긴 문장을 사람들이 어떻게 이해할 수 있는지를 설명하는 토대가 되었다. 촘스키 이론의 자세한 내용은 조금 복잡하지만 다음 내용을 통해 그것이 어떻게 작동하는지에 대한 감을 얻을 수는 있을 것이다.

- 언어의 구조는 두 단계로 이루어져 있다. 다음과 같은 두 문장을 예로 들어 보자. '개가 고양이를 보고 짖는다.' '고양이는 개에 의해서 짖음을 당한다.' 이 두 문장은 표면적으로 다른 구조를 가지고 있다. 두 문장이 다르게 보인다는 사실로부터 다른 구조를 가지고 있다는 것은 명백한 사실이다. 그러나 깊은 구조의 수준, 즉 의미의 수준에서는 이 두 문장은 동일하다.
- 인간은 언어의 이 두 단계 사이를 오갈 수 있는 구조를 가지고 있다. 우리는 의미의 수준에 있는 깊은 문장을, 말하는 수준인 표면적인 구조로 전환할 수 있기 때문에 새롭지만 의미 있는 문장을 만들 수 있다.
- 좀 더 자세히 살펴보면 사람은 그들이 하고 싶어 하는 말의 의

미(개가 고양이가 있는 방향을 향해 소리를 낸다)를 특수한 단어와 문장(개가 고양이를 향해 짖는다)으로 번역할 수 있도록 하는 '전환규칙'을 가지고 있기 때문에 의미 있는 문장을 말할 수 있다는 것이 촘스키의 생각이다.

• 문장의 의미는 따라서 깊은 구조와 깊은 구조를 표면 구조로 전환할 수 있는 능력 안에 포함된 사람의 태도에 의해 달라진다.

촘스키의 견해를 뒷받침하는 증거는 매우 설득력이 있다. 언어 능력의 습득이 적당한 언어적인 행위의 선택적인 강화에 의해 이루어진다는 주장은 어린이들이 만들어낼 수 있는 문장의 수가 그들이 접할 수 있는 문장 수보다 훨씬 많다는 사실을 설명하지 못한다.

그러나 이보다 더 중요한 것은 어린이들에게 노출되는 언어인 구어가 불안전하다는 것이다. 사람들은 불완전한 문장으로 말하고, 오류를 범하며, 단어를 불분명하게 발음한다. 다시 말해 하는 말의 표면구조를 어지럽힌다. 그럼에도 어린이들은 올바른 언어를 배운다. 그리고 언어를 사용하는 사람들의 체계적이고 분명한 가르침 없이도 매우 쉽게 언어를 터득한다. 촘스키에 의하면 이는 언어의 습득과 관련된 많은 것들, 즉 언어를 습득하는 구조를 뇌 속에 선천적으로 가지고 있다고 해야만 설명될 수 있다.

다른 동물의 언어

다른 동물들은 의사소통을 위해 음성뿐만 아니라 비음성적인 것
을 포함해 매우 다양한 방법을 사용한다.

꿀벌의 춤: 꿀벌은 다른 꿀벌들에게 방향을 알려주기 위해 매
우 복잡한 춤을 춘다.

버빗원숭이: 다른 포식자의 접근을 경고하기 위해 네 단어로
된 경보 체계를 사용하고 있다.

흉내: 송버드, 벌새, 앵무새는 사람의 말을 흉내낼 수 있는 능
력을 가지고 있다. 실제로 앵무새는 단어를 배울 수 있고 질문
에 반응할 수 있다.

갑오징어: 촉수를 이용한 몸짓과 함께 특별한 수영 자세를 이
용하여 의사소통을 한다.

귀뚜라미: 날개의 바닥을 긁어 자신의 존재를 알린다. 날개를
긁을 때마다 긁는 소리와 함께 떨리는 소리가 난다.

유리매커우(노랑배유리앵무라고도 한다)는 성대를 가지고 있지 않다. 따라서 두 갈래로 갈라진 기관을 통해 공기를 입으로 불어내 소리를 낸다.

오목한 귀를 가진 산개구리 : 초음파를 이용하여 통신한다. 이 산개구리는 포유동물이 아닌 동물 중에서 초음파로 통신하는 유일한 동물이다.

개 : 짖거나 낑낑거린다. 짖는 것은 개가 야생 생활을 할 때부터 했던 것이고, 낑낑거리는 것은 자신들의 요구를 받아들이거나 돌봐달라는 신호이다.

수컷 모기 : 암컷 모기의 날갯짓 소리에 자극을 받아 촉수를 이용하여 소리를 낸다.

목화머리타마린 : 두 가지 기본 요소를 결합하여 넓은 범위의 소리를 낸다.

오징어 : 여러 가지 색깔의 점들이 반짝이며 메시지를 보낸다.

고래 : 짝짓기와 먹이 찾기와 관련된 의미를 가진 소리를 내 의사소통을 한다.

인간이 아닌 다른 동물들이 다양한 방법으로 의사교환을 하고 있지만 많은 과학자들은 인간의 언어는 동물들의 언어와 구별되는 많은 특징을 가지고 있다고 주장한다.

- 사람의 언어는 통신 가능성의 측면에서 거의 무한대로 변형하는 것이 가능하다.
- 사람의 언어는 깊은 수준(의미론적인)과 표면 수준의 두 단계가 있다.
- 사람의 언어에서는 일반적으로 소리나 제스처와 이들의 의미 사이에 아무런 관계가 없다. 소리나 제스처와 의미 사이의 관계는 무작위적이다.
- 사람의 언어는 미묘한 통신 의도를 가지고 사용된다(예를 들면 아이러니하다와 같은 단어들).
- 사람의 언어는 장소나 시간에 제약을 받지 않는다. 과거나 미래를 나타낼 수 있다.
- 어린아이였을 때 언어를 더 쉽게 배운다는 많은 증거가 있기는 하지만 사람들이 배우는 언어의 가짓수나 언어를 배우는

시기가 제한되어 있지는 않다.

말하는 침팬지

동물, 특히 영장류가 말을 하지 못하는 것은 이들이 여러 가지 소리를 내기에 적당한 성대를 가지고 있지 않기 때문이라고 생각하는 사람들도 있다. 이런 주장을 시험하기 위해 앨런Allen과 베아트리스 가드너Beatrix Gardner는 와쇼Washoe라고 불리는 생후 10개월 된 침팬지를 입양하여 미국 수화를 가르쳤다. 그들은 이 실험이 성공적이었다고 주장했다.

- 와쇼는 자발적으로 배우지 않은 수화를 사용했다. 따라서 논란의 여지는 있지만 와쇼가 의미에 대한 감각을 가지고 있다고 볼 수 있다.
- 와쇼는 250가지 다른 신호를 확실하게 사용했다.
- 하버드 대학의 심리학자 로저 브라운Roger Brown에 의하면 와쇼가 백조를 보았을 때 했던 '물'과 '새'를 나타내는 신호는 '외계에서 보내오는 S.O.S. 신호' 같았다 한다. (뉴욕 타임즈)

그러나 와쇼가 언어를 습득하는 능력은 매우 제한적이었다. 와쇼가 배운 언어는 다른 침팬지들에게 전파되지 못했다. 그것은 와쇼가 단순히 신호에 반응한 것이 아닌가 하는 의심을 하게 한다.

와쇼가 했던 것과 비슷한 행동은 많은 다른 동물들도 할 수 있다. 여러 가지 증거들에 의하면 침팬지가 제한된 범위에서 사람의 언어를 배울 수 있을지는 몰라도 침팬지의 뇌 구조는 언어를 충분히 배워 적절하게 사용할 수 없다는 것을 알 수 있다.

침팬지는 사람과 가장 가까운 동물이다.

뇌와 정신

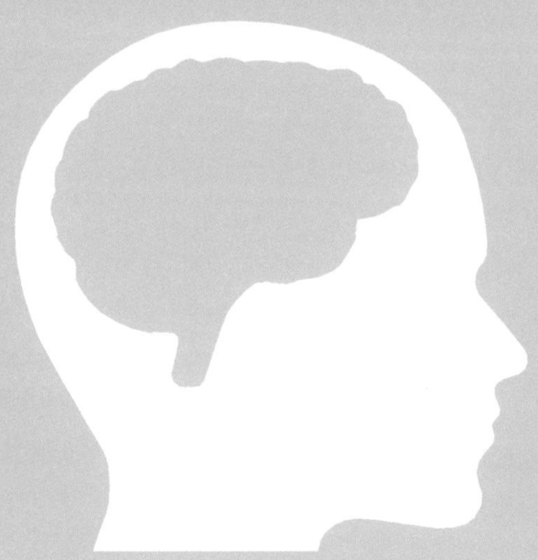

 정신과 육체

'정신'이라는 개념은 뇌의 의식작용을 의미하지만 실제로는 무의식적인 과정도 포함하도록 그 범위를 넓힐 수 있다. 앞 장에서 지능과 기억을 중심으로 뇌의 정보 처리 과정에 대해 알아보았다면, 이 장에서는 다른 면에 대하여 살펴볼 예정이다.

아직도 풀리지 않는 신비 중의 하나는 뇌라는 순수하게 물리적인 물질이 정신(의식, 생각, 느낌 등)을 가지게 되는 것이 어떻게 가능한가 하는 것이다. 철학자 콜린 맥긴 Colin McGinn 의 말을 빌리면 설명해야 할 문제는 고기에 불과한 뇌가 어떻게 생각할 수 있는가 하는 것이다.

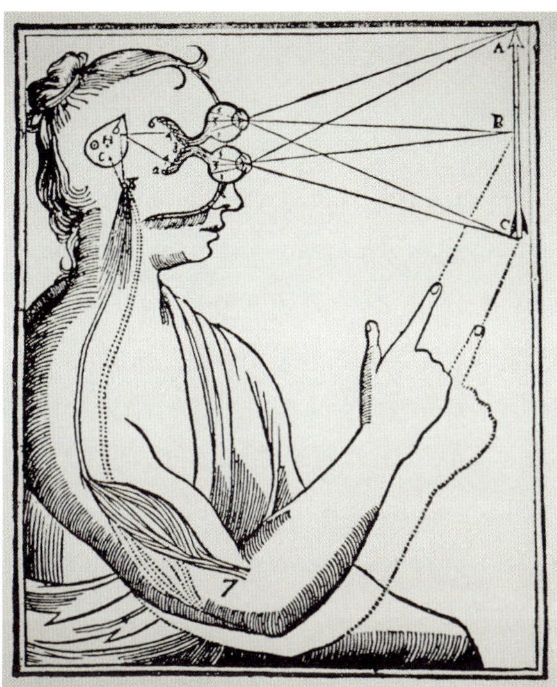

감각기관이 영상을 감지하는 것과 근육의 행동 사이의 관계를 나타내는 그림. 르네 데카르트의 De Homine(1662)에서.

정신에 대한 철학

정신과 육체의 관계에 대한 철학적인 논란은 이원론과 물리론의 두 가지 범주로 나눌 수 있다. 가장 유명한 이원론자인 르네 데카 르트 Rene Descartes 는 정신은 영혼의 자리인 송과샘을 통해 뇌와 연결되어 있다고 주장했다.

이원론

이원론에서는 정신과 육체를 다른 것으로 본다. 이것이 정확하게 무엇을 의미하느냐 하는 것은 매우 복잡한 문제이다. 철학자들은 이원론을 다시 물질적인 이원론과 성격적인 이원론, 서술적인 이원론으로 구분한다. 이원론은 정신을 구성하는 실질적인 어떤 것이 존재한다는 직관과 관련이 있다. 다시 말해 의자나 연필에는 존재하지 않는 의식이라는 실체가 실제로 존재한다는 것이다.

하지만 이원론자들도 정신과 육체의 관계에 대해서는 서로 다른 견해를 가지고 있다.

상호작용론: 상호작용론에서는 정신이 육체에 영향을 주고 육체도 정신에 영향을 준다고 주장한다. 만약 정신과 육체에 대해 일반적인 '상식'이 존재한다면 그것이 바로 이런 생각일 것이다. 우리는 물질적인 세상이 우리가 겪는 경험에 영향을 준다는 것을 알고 있다. 크리켓 방망이로 자신을 때려보면 물리적인 경험이 정신에 주는 영향을 쉽게 알 수 있을 것이다. 그러나 동시에 정신이 세상에 영향을 준다고 믿고 있다. 예를 들면 우리의 정신은 팔과 다리를 움직일지를 결정할 수 있다. 그런데 상호작용론자의 문제는 비물질적인 정신이 물질적인 것에

어떻게 영향을 주는지를 명확하게 설명할 수 없다는 것이다.

부수현상론: 뇌에서 일어나는 현상이 정신을 만들어내지만 반대로 작용하지는 않는다는 것이다.

병행론: 정신물리병행론에서는 정신과 육체가 서로 상호작용하는 것이 아니라 상호작용하는 것처럼 보일 뿐이라고 주장한다.

물리주의

물리주의는 물질적인 것만이 실재라고 주장하고 정신용은 뇌의 물리적인 작용의 결과로 보는 일원론이다. 이것은 우리가 느끼는 고통과 같은 감정의 원인이 물질적인 것에 있다고 해도 고통 그 자체는 물질적인 것은 아니라고 보는 면에서 우리의 직관과는 반대된다. 그러나 실제로 존재하는 것은 물질적인 것뿐이라는 면에서 보면 우리의 직관과 일치한다.

물리주의자들도 정신과 육체의 관계에 대해서는 다른 견해를 가지고 있다.

동일이론: 정신 상태는 뇌의 상태와 동일하다는 이론이다. 따라서 초콜릿을 먹고 싶다는 생각을 할 때는 뇌의 뉴런들이 그런 생각을 하도록 특정한 배열을 이룬다는 것이다.

기능주의이론: 기능주의이론에서는 다른 정신 상태와의 연결 관계, 감각기관이 받아들인 감각 및 이에 대응하는 행동과의

관계 속에서 정신이 어떤 기능을 하는지 분석해야 이해될 수 있다고 주장한다.

제거적 유물론: 감정, 감각, 지각 같은 실제로 존재하지 않는다고 주장하는 우리의 직관에 반하는 이론이다. 이 이론에서는 감정, 감각, 지각과 같은 것들은 모두 시대에 뒤떨어진 대중 심리학자들이 사용하는 잘못된 단어들이라고 주장한다.

살아 있는 뇌 안에서 일어나고 있는 물리적 현상에 관한 모든 것을 내게 말해달라. 뇌의 상태, 기능적인 역할, 뇌들 사이의 관계와 이런 관계의 변화들에 대해 이야기해달라. 그리고 내가 그것들을 모두 종합할 수 있을 만큼 영리하다고 하자. 그렇다고 해도 당신은 내게 고통의 괴로움, 가려움, 질투로 인한 격노, 레몬을 맛본 소감, 장미의 향기를 맡은 느낌, 큰 소리를 들은 느낌, 하늘을 본 느낌에 대해 아무것도 이야기하지 않은 것이 될 것이다.

프랭크 잭슨Frank Jackson 《부수현상론적 감각질*Epiphenomenal Qualia*》

부수현상론Epiphenomenalism

부수현상론은 19세기에 토머스 헉슬리Thomas Huxley가 처음으로 체계적으로 제안했다. 이 이론에 의하면 정신적인 사건은 그것을 일어나게 한 원인을 아무것도 가지고 있지 않다. 간단히 말해서 뇌가 원인이 되는 모든 중요한 일을 하고, 우리의 의식, 경험, 감정은 그것에 부수적으로 수반될 뿐이라는 것이다. 이원론의 하나인 부수현상론은 정신적 사건의 존재를 부정하지는 않지만 그것들은 아무것도 하지 않는다고 주장한다.

부수현상론에 대한 강한 반론 중 하나는 이 이론이 우리의 직관과 반대된다는 것이다. 우리의 정신 상태가 우리가 하는 행동에 아무런 원인이 되지 못한다는 것은 믿기 어렵다. 뇌에 대한 연구에서 부수현상론을 뒷받침하는 것처럼 보이는 증거들이 있다는 것이 오히려 당황스럽게 느껴진다.

준비전위 Readiness potential

부수현상론에 대한 가장 중요한 증거는 1960년대 준비전위에 대해 연구한 벤저민 리벳Benjamin Libet의 실험에서 얻어졌다. 준비전위RP는 사람이 손가락을 흔드는 것과 같은 의식적인 행동을 하기에 앞서 뇌에 발생하는 전위의 변화를 말한다. 리벳은 실험 참가자에게 30초 안에 손가락을 흔들라고 말했다. 그러자 이 사람이 의식적으로 손가락을 흔들 준비가 되었다고 말하기 300ms에서 400ms 전에 준비전위가 발생했다. 리벳은 이것을 "사람이 의식적으로 어떤 행동을 하기를 원한다는 사실을 알기 이전에 뇌는 무의식적인 상태에서 이미 그런 운동을 시작하고 있다."고 설명했다.

그러나 리벳 자신도 그의 연구가 부수현상론을 지지한다고 믿지는 않았다. 왜냐하면 준비전위의 존재가 그 사람이 그런 행동을 한다는 것을 의미하지는 않기 때문이다. 준비전위가 발생한 후라도 의식적으로 그런 행동을 하지 않을 수도 있다.

 **토막지식**

독일의 한 연구자는 최첨단 영상 기술을 이용하여 실험에 참가한 사람들 자신이 어떤 선택을 했다는 것을 알기 약 10초 전에 그 사람이 무엇을 선택할지를 예측할 수 있었다. 이 연구결과는 우리가 자유의지를 가지고 있다는 생각을 의심하게 했다.

 성격

뇌의 특정한 부위가 특정한 정신적 기능과 관련이 있다는 것은 밝혀졌다. 클리브 웨어링Clive Wearing의 케이스는 해마가 장기기억을 조직화하는데 중요한 역할을 한다는 것을 보여주었다. 그러나 성격과 같은 폭넓은 특성도 마찬가지로 특정한 부위와 관련이 있다는 것은 믿기 어렵다. 하지만 성격의 형성도 뇌의 특정 부위와 연계되어 있다는 증거는 현재까지 많이 발견되고 있다.

한스 아이젠크^{Hans Eysenck}의 성격 분석

대형사전에서는 수천 개의 단어를 사용하여 성격의 특성을 설명하고 있다. 성격을 설명하는데 사용된 이 단어들을 묶어 간단히 나타낼 수도 있을 것이다. 예를 들어 어떤 사람이 활기가 넘치고, 늘 뛰어다니며, 명랑하고 쾌활하다는 말을 들으면 우리는 이런 성격을 나타내는 일반적인 성격적 특성을 찾게 되고, 결국 외향적이라고 결론지을 것이다. 이것이 심리학자들이 성격을 분석하는 방법이다. 그들은 사람이 보여주는 특정한 행동이나 성격적 특성을 포함하고 있는 넓은 범위의 일반적 성격인자들이 있다는 것을 보여주려고 시도한다.

독일 출신 영국 심리학자 한스 아이젠크는 이러한 폭넓은 성격인자를 찾아내기 위해 최초로 통계적인 방법을 사용한 심리학자 중 한 사람이다. 또 인자 분석에 같은 통계적 기법을 이용하여 찰스 스피어맨은 g 인자를 발견했다.

아이젠크의 연구결과는 성격의 두 가지 주요 차원을 알아낼 수 있게 했다.

- 신경질성(안정-불안정)
- 향성(외향적-내향적)

아이젠크의 접근에서 가장 흥미로운 것은 뇌의 심리학을 참조하여 성격의 차원을 생물학적으로 설명했다는 것이다.

그는 망상활성계를 통한 대뇌피질의 각성 상태가 내향성과 외향성 차원을 결정짓는 핵심적인 요소라고 보았다. 망상활성계는 대뇌피질을 자극하여 각성 단계를 높인다. 각성 상태가 높을수록 외부의 자극을 덜 찾게 된다. 따라서 내향적인 사람은 대뇌피질의 각성 정도가 높고, 외향적인 사람은 반대로 대뇌피질의 각성 정도가 낮다.

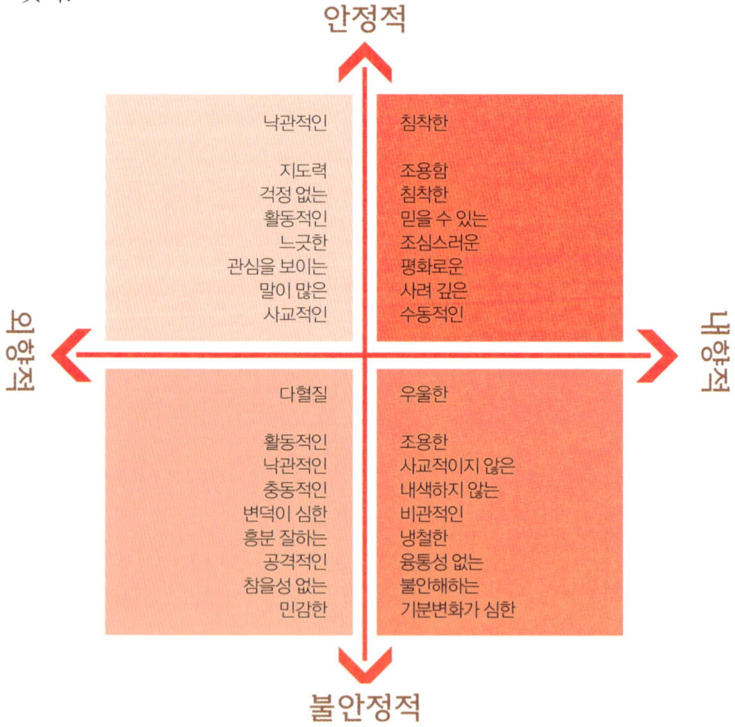

성격의 각 차원과 관계된 특성을 보여주는 그림(후에 제3의 인자인 정신병성이 첨가되었다).

신경증성 차원에 대해서도 비슷한 분석을 통해 개인적인 차이를 설명한다. 신경이 과민한 사람들은 공격성, 두려움, 섹스와 같은 감정적인 상태를 조절하는 변연계(해마, 편도체, 시상하부)의 활동이 활발한 사람들이다. 이런 사람들은 변연계의 활동이 적어 감정적으로 안정적인 사람들보다 작은 일에도 민감하게 반응한다.

나는 항상 과학자는 세상에 대해 단 한 가지 빚 즉 진리를 빚지고 있다고 느꼈다. 만약 진리가 널리 믿어지는 사실과 다르다면 그것은 매우 불행한 일이다. 국제적인 관계나 정치에서는 전략과 외교적 수완이 필요하다. 아마 사업에서도 그럴 것이다. 그러나 과학에서는 단지 사실만이 문제가 된다.

한스 아이젱크^{Hans Eysenck} 《이유 있는 배반^{A REBEL WITH A CAUSE}》

다섯 가지 중요 인자

다섯 가지 중요 인자는 세 가지 차원을 이용하여 성격을 분석한 아이젱크의 모델 대신에 다섯 가지 인자를 이용하여 성격을 분석하는 것을 말한다.

개방성/지능: 상상력이 풍부함, 호기심이 많음, 감정적임, 모험에 대한 욕망, 넓은 시야

성실성: 자기 훈련, 의무감, 자기만족이 적음. 목표 지향적 행동

외향성 : 감정적인 표현, 흥분을 잘함, 사교적임, 에너지가 넘침, 말이 많음.

동의성 : 협조적, 이타적, 친절함, 애정, 믿음

신경성 : 감정적으로 불안정, 불안, 불편함, 슬픔, 상처받기 쉬움.

테스트 항목 샘플(모든 항목은 동의와 동의하지 않음으로 답한다.)

주제	문항
개방성/지능	나는 많은 어휘를 알고 있다.
	나는 생생한 상상력을 가지고 있다.
	나는 뛰어난 아이디어를 가지고 있다.
	나는 빨리 이해한다.
	나는 어려운 단어를 사용한다.
성실성	나는 세세한 것에 관심을 보인다.
	나는 항상 내가 선택한 것을 즉시 완료한다.
	나는 혼란스러운 것보다 질서를 좋아한다.
	나는 내가 하는 일에 철저하다.
	나는 마감시간을 지킨다.
외향성	나는 파티를 좋아한다.
	나는 낯선 사람과 있는 것이 좋다.
	나는 쉽게 친구를 만든다.
	나는 쉽게 대화를 시작한다.
	나는 다른 사람들에 둘러싸여 있을 때 가장 행복하다.

	나는 다른 사람의 기분을 상하게 하지 않는다.
	나는 거의 모든 사람과 잘 지낸다.
동의성	나는 다른 사람을 편안하게 만든다.
	나는 마음이 부드러운 사람이다.
	나는 다른 사람을 위해 시간을 낸다.
	나는 가끔 스트레스를 받는다.
	나는 작은 일을 걱정한다.
신경성	나는 잦은 기분의 변화에 의해 고통 받는다.
	나는 쉽게 화를 낸다.
	나는 다른 사람들보다 많이 운다.

주의사항: 만약 이 모든 항목에 '동의한다'고 대답했다면 모든 성격 요소에서 높은 점수를 받을 것이다. 이것이 실제 테스트라면 문항들이 섞여 있어 문항에 따라 '동의하지 않는다' 가 그런 성향을 가지고 있다는 것을 나타낼 수도 있다.

🧠 뇌 손상

비교적 안정적이고 분명한 성격 인자가 존재하는 것으로 보아 성격이 뇌의 생물학에 근거를 두고 있다고 추정할 수 있으며 이러한 사실을 더 극적으로 보여주는 예들이 있다. 피니어스 게이지 Phineas Gage 의 케이스가 좋은 예이다.

피니어스 게이지 Phineas Gage

19세기 중엽 미국 철도의 감독이었던 피니어스 게이지는 1848

년 9월 어느 날 폭발 사고로 6 kg의 철 막대가 두개골에 박히는 심한 부상을 입었다. 막대는 턱뼈 왼쪽 아래로 들어가 좌측 눈의 안와를 통과해 거의 정수리까지 도달했다.

놀랍게도 게이지는 이 사고에서 살아남았고, 긴 시간과 어려운 과정을 거치기는 했지만 거의 완전히 회복되었다, 그러나 그의 부상은 한 가지 심각한 문제를 남겼다. 그의 성격을 완전히 변화시킨 것이다. 그는 이전에 모범적인 직원이었지만 사고 후에는 이전에 하던 일을 다시 할 수 없었다.

우리는 정확히 무엇이 게이지의 성격을 변화시켰는지 모른다. 실제로 그의 성격 변화가 시간이 흐름에 따라 과장되었다고 주장하는 사람들도 있다. 그러나 가장 일반적인 견해는 감정과 의사결정에 관여하는 전두엽의 일부를 손상시켰기 때문이었을 것이라는 것이다.

엘리엇

이것을 상상해보라. 당신이 좋아하는 그림을 마주하고 있거나 음악을 들으면서 즐거움을 느끼지 못하는 것을 상상해보라. 당신의 그런 능력이 영원히 박탈당했다고 상상해보라. 그러면서도 시각적인 그리고 음악적인 자극을 지적으로 이해하고 그런 것들이 한때 당신에게 즐거움을 주었다는 것을 알고 있다고 상상해보라.

안토니오 다마지오 Antonio Damasio 《데카르트의 오류》

신경학자 안토니오 다마지오의 환자였던 '엘리엇'은 정상적인 감정이 없는 사람이었다. 그의 문제는 눈 뒷부분에서 뇌종양이 발생하여 작은 귤 크기로 자라면서 시작되었다. 종양이 전두엽에 많은 압력을 가해 복내측 전두엽 피질을 손상시켰다. 성공적인 수술을 통해 엘리엇은 생명을 건질 수 있었고 지능에도 별다른 문제가 없었지만 성격이 급격하게 변하고 말았다.

한때 성공적인 사업가였지만 수술 후에는 빠르게 내리막길을 걷게 되었고, 그는 간단한 의사결정마저 못하게 되었다. 또한 스스로 옷을 집을 수도 없게 되었고, 약속을 지킬 수도 없었으며, 직장에서 일상적인 업무도 처리할 수 없게 되었다. 결과적으로 직장을 잃고 결혼도 실패로 끝났다. 그는 첫 번째 이혼 후에 재혼했지만 다시 이혼했으며 결국에는 사회보장의 혜택으로 겨우 연명할 수밖에 없게 되었다.

시험 결과 엘리엇의 지능은 정상이었고, 인식능력도 정상이었으며, 사회적 관습과 도덕적 가치도 충분히 인식하고 있었다. 그러나 그는 감정을 느낄 수 없는 상태였다. 심하게 다친 사람이나 참혹한 재해 현장 사진을 보여주어도 그는 보고 있는 것의 감정적 중요성은 인식하면서도 아무런 생리학적 반응을 보이지 않았다. 여러 가지 가능한 선택 중에서 의미 있는 선택을 하는데 사용되는 감정적인 신호를 상실했기 때문에 이것은 의사결정에 큰 영향을 주었다. 예를 들면 우리는 옷을 입지 않았을 때 오는 수치라는 감정적인 문제를 즉시 알아차리기 때문에 꼭 옷을 입는다. 그러나 엘리엇은 이런 종류의 직관적인 감정 데이터를 가지고 있지 않기 때문에 옷을 입어야 하는지를 결정하기 위해 엄청나게 복잡한 사고 과정을 거쳐야 했다.

뇌 손상과 관련된 문제들

전재: '뇌의 기능과 지도', 뉴로스킬 센터

손상 부위	증세
전두엽	마비
	초점을 맞추지 못함
	자발성 상실
	기분 변화가 심함
	넓은 범위의 성격 변화(피니어스 게이지의 경우와 동일)
	브로카 실어증
	문제 해결 능력 상실
	(토스트를 만드는 것과 같은) 다층적인 문제 해결 계획을 세우지 못함.

손상 부위	증세
두정엽	읽기 능력 손상
	간단한 계산 능력 손상
	그리는 능력 상실
	물체의 이름을 알지 못함
	한 번에 한 개 이상의 물체를 다루지 못함
	이미 배운 운동 기능을 하지 못함
	쓰기 위한 어휘 선택 능력의 상실
	우측과 좌측 구별하는 능력 상실
	손과 눈을 연결시키지 못함
후두엽	환상
	어휘 인식의 어려움
	색깔 인식 능력 상실
	그린 물체를 인식하지 못함
	읽고 쓰는 데 어려움을 느낌
	물체를 제자리에 놓지 못함
	물체의 운동을 인식하지 못함
측두엽	얼굴 인식 장애
	베르니케 실어증
	선택적 집중의 문제
	단기 및 장기기억의 어려움
	물체 인식과 묘사 능력 상실
	성 행동의 변화
	공격성 증가
	쉬지 않고 말을 함

손상 부위	증세
뇌간	호흡 곤란
	삼키기 어려움
	균형 감각 상실
	주위 감지가 어려움
	어지러움
	수면의 문제
소뇌	미세한 운동 조절에 어려움을 느낌
	떨림
	현기증
	빠른 운동 능력 상실
	손을 뻗어 물건을 잡는 능력 상실
	불분명한 말
	걷는 능력 상실

정신과 뇌의 장애

뇌의 장애와 정신장애의 차이는 명확하지 않다. 운동뉴런질환과 같은 일부 뇌장애는 정신에 거의 영향을 주지 않는다. 그러나 정신분열증과 같은 질병은 엄청난 영향을 준다. 그리고 정신병과 같은 세 번째 그룹에 속한 장애는 뇌의 장애와 전혀 관계가 없을 수도 있다.

정신분열증

> 증세가 아주 심해지면 종소리같이 분명하게 목소리가 들리기도 하고, 어떤 사람이 그에게 말을 하는 것처럼 들리기도 한다. 실제로 종종 목소리가 커다란 스피커를 통해 그에게 다가오는 것처럼 들린다.
>
> 로빈 머레이Robin Murray 교수, 정신의학 연구소

정신분열증이라는 말은 말 그대로 정신이 갈라진다는 뜻을 가지고 있다. 그러나 이 말은 정확한 말은 아니다. 이 질병은 현재는 해리성 정체감 장애라고도 알려진 다중인격 장애와 같은 질병과는 공통점이 없다. 정신분열증을 가진 사람들은 실제와 다르게 감지한다. 여기에는 잘못된 사고, 망상, 그리고 무엇보다도 청각장애와 환청이 포함된다.

> **✱ 토막지식**
>
> 터키 남부에 살고 있는 울라스Ulas 부부의 다섯 자녀들(네 딸과 아들)은 세계에서 유일하게 일상생활에서 곰이 걷는 것처럼 네 발로 걷는 사람들일 것이다. 이들이 이렇게 행동하는 원인에 대해서는 여러 가지 이론이 있다. 그중 가장 신빙성 있는 설명은 이들이 태어날 때부터 소뇌가 불완전하게 형성되는 소뇌 형성저하증 때문이라는 것이다. 소뇌는 균형과 운동에 관여한다.

정신분열증을 확실하게 진단하는 방법은 없다. 뇌를 현미경으로 관찰한다고 해서 정신분열증을 찾아낼 수는 없다. 그러나 정신분열증은 많은 사람들을 괴롭히는 질병이다.

증상	효과
환청	이름을 부르는 소리가 들린다.
목소리가 점점 커지고 체계적이 된다.	소리를 질러 괴롭히거나 으르렁거린다.
목소리가 들리는 곳을 설명하는 환상이 보인다.	예를 들면 자신을 부르는 외계인의 환상이 보인다.

정신분열증의 증상

정신분열증은 소리가 머리 안에서 나오는 것이 아니라는 것, 즉 스스로 하는 혼잣말이 아니라 외부에서 들려오는 것처럼 들린다. 그 다음에는 이상한 환상을 보게 되는 것이 일반적이다. 그들은 환청과 환상을 설명하려고 애쓴다. 이런 상태에 이르면 그러한 경험으로 인한 불안을 줄여주는 망상을 하게 된다.

정신분열증의 원인

정신분열증의 원인에 대한 가장 일반적인 설명은 환청과 같은 증상이 뇌의 기능 장애 때문이라는 것이다. 도파민 가설에 의하면 정신분열증은 적어도 부분적으로는 지나친 도파민 전달 때문이다. 특히 대뇌변연계 중심부에서의 도파민 과다 전달이

원인이라는 것이다. 이 가설을 뒷받침하는 많은 증거들이 있다.

- 모든 도파민을 막는 약들이 정신분열증에 잘 듣는다.
- 도파민을 증가시키는 약들이 정신병을 일으키는 경우가 있다.
- 뇌의 영상을 찍어보면 암페타민을 투여한 환자는 도파민이 적어져서 정신분열증이 없어진다. 반대로 정신분열증은 많은 도파민을 분비한다. 도파민의 분비가 많으면 많을수록 증상이 심해진다.

정신분열증의 기원은 좀 더 복잡하다. 전통적인 이론에 의하면 정신분열증은 뇌의 발달단계와 관련이 있는 질병이다. 정신분열증을 앓는 사람들의 뇌는 정상인들의 뇌와는 조금 다른 방법으로 발달한다. 따라서 환상과 망상에 좀 더 취약해진다. 이것은 임신 기간 동안에 뇌가 외상을 입은 결과라고 추정된다. 대뇌피질의 발달에 장애가 되는 어떤 것들도 신경계를 영원히 손상시킬 수 있다. 그렇게 되면 뇌가 스트레스에 제대로 대응하지 못하게 된다.

정신분열증에 유전적 요인이 중요한 역할을 한다는 증거도 있다. 특히 두 개의 유전자가 정신분열증의 위험을 증가시키는 것으로 알려져 있는데 8번 염색체에 포함되어 있는 뉴레귤린

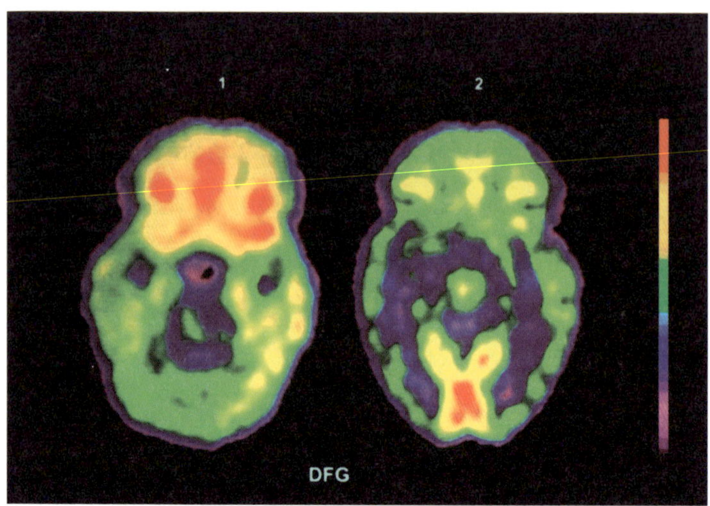

건강한 뇌의 단면을 PET로 스캔한 사진(좌)과 정신분열증이 있는 뇌의 사진(우). 정신분열증이 있는 뇌는 전두엽의 활성화가 적다.

이라고 불리는 유전자와 6번 염색체에 포함되어 있는 다이스빈딘이라는 유전자이다. 하지만 특정한 유전자의 존재나 뇌의 외상이 정신분열증을 일으킬 위험을 높인다는 가설은 잘못된 것일 수도 있다. 그보다는 정신분열증은 유전적인 요인, 환경적 영향, 진단 과정의 영향이 종합적으로 작용하여 발생하는 것으로 보아야 한다.

치료

정신질환에 사용되는 약이 개발되면서 정신분열증 치료 능력은 크게 향상되었다. 정신분열증 환자가 있는 병실을 '뱀의 소굴'이라고 했던 것은 이해가 부족했던 먼 과거의 일이다. 그러나 환자의 약 3분의 1이 증세가 완화되는 기간이 거의 없고 오히려 증세가 심해져 자살로 생을 마감하는 것이 정신분열증이다. 또한 대부분의 사람들은 정신분열증 환자들을 두려워하고 소외시킨다. 하지만 환자들 역시 스스로 통제할 수 없는 질병에 고통당하고 있는 병자일 뿐이다.

정신장애의 치료

대화요법

대화치료에는 상담, 인지행동치료, 행동치료, 정신분석, 이성적인 정서행동치료, 로제리안 정신치료, 신경언어치료 등 여러 가지가 포함된다. 이 중에서 가장 효과적인 치료는 문제가 되는 사고 과정에 도전하도록 도와주는 인지행동치료이다.

약물요법

정신병의 치료는 20세기 중엽에 정신분열증 환자들이 거의 정상생활을 할 수 있도록 하는 클로르프로마진이나 플루페나진과 같은 약물이 개발되면서 전환기를 맞게 되었다. 약물로 치료할 수 있는 증상에는 양극성 장애, 불안, 불면증, 주의력결핍

과다행동장애, 그리고 우울증 등이 있다.

전기경련요법

심한 우울증 치료에 주로 사용되는 치료법으로 전기충격을 통해 환자의 발작을 유도하는 방법이다. 다른 치료법으로 효과를 보지 못한 환자의 치료에 효과가 있다는 증거가 있다.

다른 정신장애들

우울증

증상	원인
심하게 계속되는 슬픔, 이전에 재미있어 하던 행동이 흥미 없어짐, 식욕/체중의 저하, 수면패턴의 변화, 참을성 없음, 불안함, 의욕상실, 자살 충동, 집중력 저하, 에너지 저하.	유전적 요인, 신경전달물질 관련, 여성이 남성보다 2배 높음, 스트레스, 정신적 충격(예를 들어 배우자 상실).

양극성 장애

증상	원인
우울증 증상(위 참조)과 도취감, 많은 에너지, 적은 수면, 자신감, 창조적, 외향적, 망상 등이 나타나는 집착증이 번갈아 나타남.	강한 유전적 요인(우울증보다 유전적 요인이 강함), 신경전달물질 관련, 우측 측두엽 관련.

주의력결핍과다행동장애(ADHD)

증상	원인
집중력 부족, 충동적, 단기기억 장애, 혼란, 계획을 세우는 능력 상실, 성실성 상실, 조직적이지 않은 아이디어, 지연.	강한 유전적 요인(ADHD의 원인이 되는 유전자는 발견되지 않음), 신경전달물질 관련(특히 도파민의 비정상 상태), 전두엽·변연계·망상활성계가 모두 이 장애와 관련이 있다는 증거가 있음.

자폐증

증상	원인
다른 사람과 상호작용의 어려움, 의사소통의 어려움, 반복적인 행동, 흥미를 갖는 범위가 좁음.	자폐증의 원인은 잘 알려져 있지 않음, 강한 유전적 요인, 세로토닌이 관련되어 있다는 일부 증거, MMR 접종과 관련이 있다는 증거는 없음.

알츠하이머 병

증상	원인
인식 능력 저하(특히 기억 상실, 혼동, 학습능력 상실, 언어지각능력 상실), 행동의 변화(흥분, 기분의 급격한 변화, 목적 없는 행동)	넓은 범위의 신경퇴화가 진행됨(대뇌피질, 해마, 편도체가 특히 영향을 받는 부분), 유전적 요인, 아밀로이드 단백질과 같은 덩어리가 뇌에 만들어짐.

신경성 식욕부진

증상	원인
정상적인 체중을 거부함, 음식 섭취를 제한함, 지나친 운동, 체중 증가에 대한 지나친 두려움, 음식에 집착, 신체에 대한 잘못된 생각, 체중 저하의 위험 부인.	유전적 요인, 세레토닌 체계의 문제, 완벽주의.

코타르 증후군

모든 정신장애가 정신분열증의 경우와 같이 양극성 장애인 것은 아니다. 1788년 보고되어 후에 코타르 증후군이라고 불리는 정신장애에 대해 알아보자.

나이가 거의 70세쯤 되어 보이는 우아한 부인이 부엌에서 음식을 준비하고 있을 때 부엌문으로 들어온 바람이 부인의 목을 심하게 쳐서 마치 크게 한 대 맞은 것처럼 갑자기 한쪽으로 넘어져 몸이 완전히 마비되었다. 그 후 며칠 동안 그 부인은 죽은 것처럼 누워 있었다. 그리고 4일 후 정신을 차린 부인은 주위 사람들에게 자신이 이미 죽었기 때문에 자신에게 수의를 입히고 관에 안치해달라고 요구했다. 이런 말도 안 되는 망상에서 벗어나게 하려는 모든 노력은 수포로 돌아갔다. 부인의 딸과 하인들은 부인이 살아 있다는 것을 이해시키려고 노력했지만 헛수고였다. 부인은 점점 강하게 수의

를 입혀달라고 요구하더니 주위 사람들이 자신에게 마지막
의식을 행해주지 않는 것을 강하게 비난했다. 결국 사람들은
부인에게 수의를 입혀 밖에 내놓을 수밖에 없었다. 수의를
입고 누운 채 부인은 자신의 상태를 정돈했다. 수의의 단과
핀을 새롭게 정리했고, 솔기가 제대로 꿰매졌는지를 살폈으
며 수의의 천이 너무 하얗다고 불평했다.

찰스 프리드리히 포켈스^{Charles Friedrich Pockels},
그노티 소톤^{GNOTHI SAUTON}

이것은 아마도 자신이 죽었다고 확신하게 된 코타르 증후군에
대해 보고한 첫 번째 케이스일 것이다. 이런 증상은 정신분열증 환
자, MS 환자, 뇌의 외상, 양극성 장애자가 우울증을 겪을 때 나타
날 수 있다. 1880년에 줄 코타르^{Jules Cotard}가 처음 발견한 이래 비
슷한 케이스가 100번 정도 보고되었다.

뇌와 의식

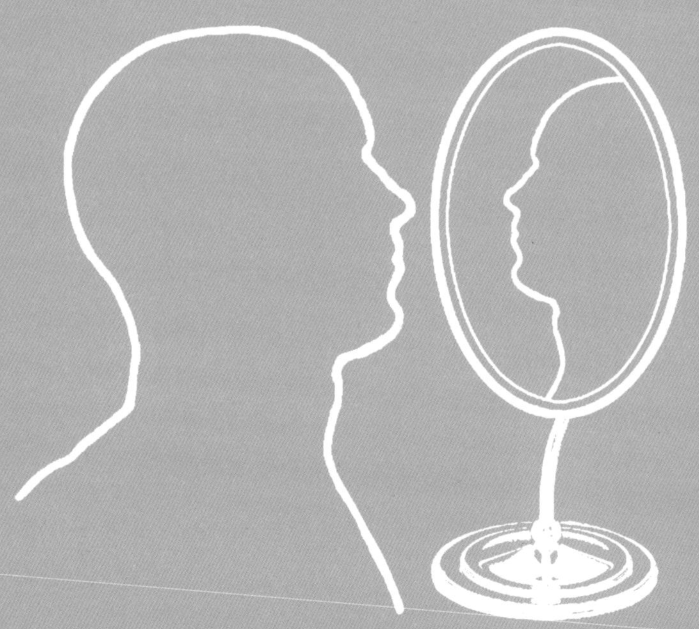

의식이란 무엇일까?

　의식이라는 말은 정확한 의미를 가지고 있는 말이 아니다. 이 말은 각성, 자각, 고통, 감정, 그리고 문장 등을 경험할 수 있는 능력을 나타내기 위해 다양하게 사용되고 있다. 이 책에서는 의식이라는 말을 기본적으로 각성과 주변 환경에 대한 반응의 의미로 사용했지만 그렇다고 우리가 의식이 있는 경우만을 다룬다는 것은 아니다. 의식에 장애가 있거나 의식이 없는 경우에도 뇌에 대해 흥미로운 많은 것을 알 수 있기 때문이다.

　'의식이란 무엇인가?'라는 질문은 불필요한 질문같아 보인다. 왜냐하면 어떤 의미에서 우리는 이미 의식이 무엇인지 알고 있기 때문이다. 그러나 의식이 무엇이냐 하는 문제가 중요한 이유가 있다. 예를 들면 인간이 아닌 동물도 의식을 가지고 있느냐 그렇지 않느

냐 하는 것은 동물들을 어떻게 취급해야 할지에 대한 윤리적 문제
와 직결되어 있기 때문이다. 기계가 의식을 가지고 있느냐 하는 문
제도 같은 맥락에서 중요한 문제가 될 수 있다.

의식의 특징

생명체와 생명체가 아닌 물체를 포함하여 어떤 존재가 의식을
가지고 있느냐를 결정하는 데는 여러 가지 방법이 있다.

지각능력

지각능력은 세상을 지각하고 세상에 반응하
는 능력을 나타낸다. 그러나 이것이
정확히 무엇을 의미하느냐 하
는 것은 생각보다 훨씬 복잡
한 문제이다. 예를 들어 컴
퓨터로 조종하는 로봇도
매우 정교한 방법으로 세
상을 '지각'하고 '반응'한
다. 그러나 우리는 적어
도 현재 수준의 로봇에 대
해서는 로봇이 지각능력을
가지고 있다고 생각하지 않

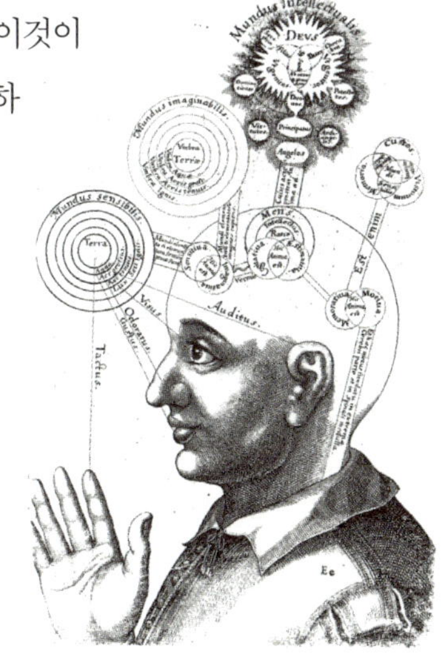

17세기에 생각을 묘사한 그림

는다. 마찬가지로 해파리의 신경망이 의식을 만들어내기에 충분히 정교하다고 해야 하는지도 명확하지 않다. 그럼에도 해파리는 주변 환경과 기본적인 상호작용을 하고 있다.

각성도

우리는 선잠이 들었을 때 각성도가 저하되어 방향감각이 상실되는 것을 경험한 적이 있을 것이다.

미국의 철학자 알프레드 슈츠^{Alfred Schutz}의 말을 빌리면 의식은 지각능력뿐만 아니라 각성되어 있고 '세상을 향해 준비되어 있는' 상태라고 정의하는 것이 더 편리할 것이다. 의식에 대한 이러한 정의는 의식의 정도를 필요로 하게 된다.

의도성

의도성이란 의식의 방향성을 나타낸다. 의식은 항상 무엇에 대한 의식이기 때문이다. 기본적으로 의식에는 항상 대상이 있다. 어떤 사람이 고양이를 감지하고, 초콜릿을 원하며, 경기를 심판하고, 기념일을 기억하거나 해돋이를 생각하는 것이 이에 해당된다.

자의식

의식을 좀 더 제한적으로 정의하면 의식은 자신의 존재에 대한 인식이라고 할 수 있다. 다시 말해 의식이 존재하기 위해서는 대상을 인식하는 것만으로는 충분하지 않으며 자신이 의식하고 있다는 것을 아는 것이 필요하다는 것이다. 의식에 대한 이런 정의에 의하면 사람이 아닌 동물은 의식을 가지고 있다고 할 수 없으며 어린아이들도 의식이 있다고 할 수 없게 된다.

의식이란 "…과 같은 것이다."

이것은 의식에 대한 주관적인 견해들이다. 윌리엄 제임스^{William James}는 "모든 사고는 개인적인 의식의 일부분이다. … '느낌과 생각'이라는 보편적인 사실이 존재하는 것이 아니라 '나는 생각한다.' 또는 '나는 느낀다.'라는 주관적인 의식만 존재한다."라고 말했다. 의식에 관한 가장 유명한 현대적인 표현을 토마스 나겔^{Thomas Nagel}의 "박쥐가 된다는 것이 어떤 것인지를 나타내는 것이 있다."는 주장에서 발견할 수 있다. 그것은 사람이 된다는 것이 어떤 것인지를 나타내는 것과는 아무런 관계가 없다. 따라서 우리는 그것이 어떤 것인지 상상할 수 없다. 그러나 그럼에도 불구하고 그것은 어떤 것이다. 토마스 나겔은 좀 더 일반적으로 "어떤 생명체는 그 생명체가 되는 어떤 것이 있을 때만 의식적인 정신 상태를 가지고 있다."고 주장했다.

현대인은 항상 의식적이었는가?

이것은 매우 이상한 질문처럼 들릴지도 모른다. 그러나 비교적 가까운 과거의 인류는 오늘날 우리와 같은 의식 상태에 있지 않았다. 심리학자 줄리언 제인스Julian Jaynes는 《양원제 마음의 해체와 의식의 기원》이라는 책에서 인류는 트로이 전쟁 때까지도 스스로를 의식을 가지고 있는 독립적인 존재로 생각하지 않았다고 주장했다. 이러한 주장을 뒷받침하는 증거의 일부는 고대에 쓰인 《일리아드》나 구약성서의 오래된 부분에서 발견할 수 있다. 제인스는 이런 문서들이 내부의 정신 상태에 대해 언급하지 않고 있으며 저자가 우리가 가지고 있는 것과 같은 자의식을 가지고 있지 않다고 주장했다.

지능을 가진 기계

신호의 조작에 의해서가 아니라 사고와 감정을 통해 시를 짓고 교향곡을 연주하기 전에는 기계가 뇌와 같다고 말할 수 있을까?—어떤 기계도 느낄 수 없고, —성공을 즐거워할 수 없으며, 밸브가 고장이 났을 때 슬퍼할 수 없으며, 아침에 기분 좋아질 수 없고, 실수 때문에 기분이 상할 수 없으며 성적인 매력을 느낄 수 없고, 원하는 것을 얻지 못했을 때 화를 내거나 실망할 수 없다.

제프리 제퍼슨^{Geoffrey Jefferson}
《기계적인 인간의 마음^{THE MIND OF MECHANICAL MAN}》

의식을 가진 기계에 대한 질문은 점점 중요하게 되었다. 2008년 2월에 미국의 저명한 발명가 레이 커즈와일^{Ray Kurzweil}은 "2029년까지 우리는 인간이 가지고 있는 것과 비슷한 감정과 지적 능력을 가진 인공 지능을 구현할 수 있는 하드웨어와 소프트웨어를 가지게 될 것이다."라고 주장했다. 또한 자신의 분야에서 뛰어난 연구 업적을 남긴 스티븐 호킹^{Stephen Hawking}, 휴고 드 게리스^{Hugo de Garis}, 빌 조이^{Bill Joy}, 한스 모라벡^{Hans Moravec}, 케빈 워릭^{Kevin Warwick}, 그리고 마틴 리스^{Martin Rees}와 같은 저명한 과학자들도 인류가 언젠가 기계에게 복종하게 될 것이라고 주장했다.

튜링테스트 Turing Test

기계가 의식을 가지고 있는지 어떻게 알 수 있을까? 이 문제에 대한 가장 유명한 접근은 컴퓨터 학자 앨런 튜링 Alan Turing 의 이름을 따서 튜링테스트라고 부르는 시험 방법이다.

튜링은 기계가 생각할 수 있는가, 좀 더 구체적으로는 의식을 가질 수 있는가를 시험할 수 있는 방법을 제안했다. 이는 '흉내 게임'을 변형한 것이다.

어떤 남자(A)와 여자(B)가 다른 방으로 들어간다. 세 번째 사람(C)인 질문자는 일정한 시간 동안 그들이 누구인지를 알아내기 위한 질문을 할 수 있다. 여자(B)의 역할은 질문자가 올바른 답을 이끌어내도록 돕는 것이다. 그리고 튜링은 묻는다.

기계공학의 목표는 독립적으로 배우고 논리적으로 사고할 수 있는 지능적인 기계를 만들어내는 것이다.

이 게임에서 기계가 A를 대신한다면 어떤 일이 일어날
까? 질문자는 남자와 여자 사이에서 이 게임을 진행할 때
와 같은 정도로 잘못된 대답을 하게 될까? 이 질문은 '기계
가 생각할 수 있을까?'라는 우리의 질문을 대신할 수 있을
것이다.

앨런 튜링Alan Turing,
《컴퓨터와 지능COMPUTING MACHINERY AND INTELLIGENCE》

이 테스트의 핵심은 컴퓨터가 대화를 하는 동안에 사람처럼 행
동할 수 있는가 하는 것이다. 그렇게 할 수 있다면 우리는 기계가
생각을 할 수 있다고 결론지을 수 있을 것이다. 튜링은 이 시험은
의식과 관련이 있는 좀 더 구체적인 질문으로 대체할 수도 있다고
설명했다. 의식적인 존재가 생각하는 것이 가능하다고 믿어지는
통찰력을 확인할 수 있는 질문을 만드는 것이 가능할 것이기 때문
이다.

존 설John Searle의 '중국인의 방Chinese Room'

사고의 존재를 알아내기 위해 고안된 튜링테스트에 대한 가장
유명한 반대는 존 설의 '중국인의 방' 사고 실험일 것이다. 설의 반
대는 컴퓨터의 기능은 고정된 규칙에 의해 자료를 처리하는 것이
라는 데 근거하고 있다.

설은 중국말을 전혀 할 수 없는 사람이 방에 들어가 있는 경우를 가정했다. 이 방에서 그는 중국어, 즉 한자로 된 질문지를 받았다. 그리고 한자를 다루는 방법을 설명한 '프로그램'이라고 부르는 일련의 규칙을 받았다. 이 경우 그는 중국어로 된 질문에 의미는 전혀 알지 못한 채 프로그램을 이용하여 중국어로 대답할 수 있다. 그러나 밖에 있는 사람은 안에 있는 사람 즉 컴퓨터가 중국말을 완전하게 할 수 있다고 생각할 것이다. 다시 말해 튜링테스트를 통과할 수 있다.

설의 주장은 기계가 아무리 지능적인 것처럼 보여도, 그리고 프로그램이 아무리 정밀해도, 기계는 절대로 지능이나 의식을 가질 수 없다는 것이다. 왜냐하면 기계의 내부 상태는 순수하게 문법적 규칙에 기초하고 있어서 의미 있는 것은 아무것도 진행되지 않기 때문이다.

로브너 상 The Loebner Prize

로브너 상은 매년 경쟁을 통해 인간과 같이 대화할 수 있는 컴퓨터에게 주는 상이다. 1991년에 수여된 첫 번째 상을 받은 컴퓨터는 10명의 심판관 중 5명이 인간이라고 판단했다. 이 상의 수상자 명단은 다음과 같다.

년도	수상자	컴퓨터 프로그램
1991	조지프 와인트롭	PC Therapist
1992	조지프 와인트롭	PC Therapist
1993	조지프 와인트롭	PC Therapist
1994	토머스 왈렌	TIPS
1995	조지프 와인트롭	PC Therapist
1996	제이슨 허친스	HeX
1997	데이비드 레비	Converse
1998	로비 가너	Albert One
1999	로비 가너	Albert One
2000	리처드 월리스	A.L.I.C.E.
2001	리처드 월리스	A.L.I.C.E.
2002	케빈 코플	Ella
2003	위르겐 피너	Jabberwock
2004	리차드 월리스	A.L.I.C.E.
2005	롤로 카펜터	George
2006	롤로 카펜터	Joan
2007	로버트 메덱자	Ultra Hal
2008	프레드 로버츠	Elbot
2009	데이비드 레비	Do-Much-More
2010	브루스 윌콕스	Suzette
2011	브루스 윌콕스	Rosette[18]
2012	모한 엠바	Chip Vivant[19]

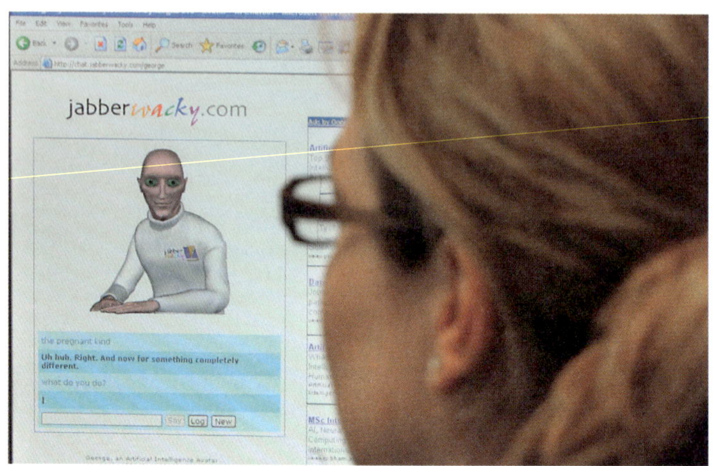

2005년 로브너 상의 수상작인 '조지'는 40가지 언어를 말할 수 있고, 동시에 2000명과 대화할 수 있다.

A. L. I. C. E.와 울트라 할 ^{Ultra Hal}

A.L.I.C.E.는 '자연스럽게 말을 할 수 있는 대화로봇'이다. 다시 말해 사람이 하는 말의 형태를 분석하여 스스로 반응하는 컴퓨터 프로그램이다. 로브너 상을 세 번이나 수상했고, 이런 종류의 프로그램 중에서 가장 진화한 것이지만 A.L.I.C.E.는 튜링테스트를 통과하지는 못했다. A.L.I.C.E.를 만든 리처드 월리스^{Richard Wallace}는 A.L.I.C.E.가 인간의 대화를 흉내낼 수 있도록 하기 위해 아직도 새로운 프로그램을 짜고 있다. 또한 2001년 이래 다른 많은 프로그램들이 A.L.I.C.E.에 사용된 인공지능 언어를 사용하고 있다.

2007년에 로브너 상을 받은 울트라 할은 대화 합성을 통해 대화하는 컴퓨터가 만든 인물과 대화하는 대화로봇 컴퓨터 프로그램이다. 울트라 할 역시 모든 대화로봇 프로그램과 마찬가지로 사람과 상호작용하는 동안에 지능이 있는 것처럼 보이기 위해 복잡한 규칙을 적용한다. 울트라 할은 약속을 알려주고, 전화를 걸어주며, 지시에 따라 인터넷을 검색해주는 '개인 비서' 역할을 할 수 있다.

동물의 의식

우선 첫 번째로 지적해야 할 것은 동물들도 앞에서 이야기한 두 가지 면에서 보면 의식을 가지고 있는 것이 확실하다. 동물들도 세상을 감지하고 세상에 반응하며 정상적인 각성 상태에 있다. 그렇다면 동물도 주관적인 감정과 자의식을 가지고 있을까?

동물은 의식을 가지고 있지 않다는 주장들

언어

동물은 언어를 가지고 있지 않다. 언어는 사고와 의식의 중심이다. 따라서 동물은 의식을 가지고 있지 않다. 이런 주장을 처

음 한 사람은 철학자 르네 데카르트^{Rene Decartes}이다. 데카르트
는 적절한 언어는 제한되어 있지 않아야 하고 창조적이어야
하는데 동물들이 할 수 있는 것은 기계적으로 단어를 반복하
는 것이 전부라고 주장했다. 동물이 언어를 가지고 있지 않다
는 사실은 동물이 사고를 할 수 없다는 것을 뜻한다. '단어는
육체 안에 숨겨진 사고가 있다는 유일한 증거이기' 때문이다.

행동

동물의 행동 중에는 무의식적인 행동이라고 볼 수 없는 행동
이 없다. 켄 말리크^{Ken Malik}는 지난 600만 년 동안의 진화를 통
해 인류와 침팬지가 멀어졌다고 지적했다. 인류와 침팬지는
600만 년 동안 모두 진화했다. 그러나 야자열매를 깨고 막대
로 벌레를 찾아 잡아먹는 기술이 전해 내려온 침팬지는 600
만 년 전의 행동과 생활방식을 여전히 그대로 답습하고 있다.
이에 반해 인류는 눈부신 변화를 보여주고 있다. 또한 현재의
인류로 진화하는데 600만 년이 걸리지도 않았으며 우리 생활
방식은 지난 6만 년 동안에 변화된 것이다.

자의식

일부 영장류에 대한 거울 검사에서 이들이 자의식을 가지고
있다는 증거들이 발견되었다. 침팬지는 거울을 보면 거울에

비친 자신의 모습과 상호작용한다. 약 40년 전에 심리학자 고든 갤럽^{Gordon Gallub}은 침팬지들이 거울에 비친 자신의 모습을 단순히 다른 침팬지라고 생각하고 반응하는지 아니면 자신의 모습이라고 생각하는지를 알아보기 위한 시험을 했다. 여러 마리의 침팬지들이 거울 안에 비친 자신의 모습에 익숙하도록 한 다음 그들을 마취시킨 뒤 침팬지들의 반은 이마에 염색을 했고, 반은 그대로 두었다. 염색을 한 침팬지들 중 다수는 깨어난 후 거울에 비친 자신의 염색된 부분을 만지거나 다른 방법으로 반응했다. 갤럽의 시험은 많은 다른 동물들을 대상으로 반복되었고 그중 오랑우탄만이 통과했다.

동물도 의식을 가지고 있다는 주장들

감각 능력

일부 연구자들은 의식의 주관적인 요소는 감각과 동일하다고 주장한다. 다시 말해 세상을 감각할 수 있고 반응할 수 있는 능력은 주관성의 연결선상에 있다는 것이다. 이런 주장에 의하면 대부분의 동물은 의식을 가지고 있다. 마이클 타이^{Michael Tye}는 이런 논리를 꿀벌에 적용했다.

언어

동물의 언어를 연구한 사람들은 동물들이 언어를 가지고 있지 않다는 데카르트의 주장에 반대한다. 최근에 침팬지가 미국 수화를 이용해 의사소통을 할 수 있다는 것이 밝혀져 침팬지의 언어 능력이 데카르트가 주장했던 것보다 훨씬 뛰어나다는 것이 입증되었다. 그러나 침팬지의 언어능력은 사람에 비하면 훨씬 뒤떨어진다.

행동

동물의 행동 중에는 사람과 비슷한 종류의 경험을 나타내는 것들이 있다. 특히 고통에 대한 동물들의 반응들, 즉 소리를 지르거나 피하고, 두려워하는 것과 같은 반응은 사람의 반응과 매우 비슷하다. 물론 이것이 동물들의 경험이 사람의 경험과 같다는 결정적인 증거가 되지는 못한다. 그러나 이런 사실은 많은 것을 시사한다.

✳ 토막지식

원숭이는 어떤 일을 완수하고 상을 받으면 기뻐한다. 그러나 사라 브로스넌Sarah Brosnan과 프랜스 드 왈Frans de Waal의 연구에 의하면 같은 일을 하고 다른 원숭이들이 더 나은 상-오이 대신에 포도-을 받는 것을 보면 더 이상의 일을 하려 하지 않는다.

해부

모든 동물 뇌의 해부학적 구조는 기본적으로 같다. 따라서 과학자들이 사람의 뇌에 대해 알고 싶으면 다른 동물의 뇌를 가지고 실험을 한다. 인간의 고통을 연구하는 것도 마찬가지이다. 그것이 가능한 것은 고통에 대한 동물들의 반응과 사람의 반응이 같기 때문이다. 이러한 실험의 결과는 적어도 영장류들은 고통에 대해 사람과 같은 경험을 가지고 있다는 것을 나타낸다.

코끼리가 거울을 통해서만 볼 수 있는 이마에 X−자 표시를 하자 코로 계속 만져보고 있다.

진화

진화의 연속성을 통해서도 비슷한 주장을 할 수 있다. 다시 말해 우리가 다른 동물들과 진화의 유산을 공통으로 소유하고 있다는 사실은 동물도 우리가 세상을 경험하는 방법과 같은 방법으로 세상을 경험하고 있다는 것을 의미한다.

이런 종류의 토론에는 확실한 결론이 있을 수 없다. 동물의 머릿속에 들어가볼 수 없기 때문에 우리는 영원히 동물이 우리와 같은 의식을 가지고 있는지를 확실하게 알 수 없을 것이다.

의식의 다른 상태

의식의 성격과 정도는 생명체의 경우는 물론 무생물의 경우에도 종과 개체에 따라 다르다. 그리고 우리가 일상생활을 하는 동안에도 변해간다.

수면

수면은 자연스럽게 발생하는, 육체가 휴식을 취하는 상태로 반응성이 저하된 상태이다. 모든 포유동물과 조류와 일부 다른 종류의 동물들은 수면을 취한다. EEG를 이용하여 측정한 뇌파의 특성에 따라 수면은 여러 단계로 나눌 수 있다.

단계	특징
1단계	가장 얕게 잠든 상태. 잠을 자기 시작할 때나 잠에서 깨어나기 전의 상태. 이 상태에서는 뇌가 쎄타파(4-7Hz)를 발생시킨다. 10분에서 15분 정도 계속되는 1단계 수면은 각성 상태(알파파로 특징지어지는)와 깊은 수면 상태 사이의 전환 상태이다.
2단계	주변에 대한 지각이 사라지는 상태. 이 상태가 시작될 때는 0.5초 내지 1.5초 간격으로 '수면 방추파'라고 불리는 주파수 12Hz 내지 14Hz의 K-복합파(약 0.5초 동안 계속되며 2단계 수면에서 계속 켜졌다 꺼졌다를 반복한다)를 발생시킨다.
3단계	깊은 수면의 첫 단계, 이 단계에서는 델타파(1-3Hz)를 발생시킨다.
4단계	델타파를 훨씬 많이 발생시키는 것이 3단계와 다른 점이다. 이 단계가 소위 말하는 비렘수면(non-REM수면)의 마지막 단계이다. 4단계 수면 상태에 있는 사람은 깨우기가 가장 힘들다.

평균 한 시간 정도 계속 되는 비렘수면의 네 가지 단계는 사람이 자는 시간의 약 80%를 차지한다. 각 단계는 뇌파를 이용하여 구별할 수 있을 뿐만 아니라 비렘수면 동안에는 자율신경계의 기능도 저하되고 근육도 완전히 이완된다.

4단계의 수면 다음에는 뇌가 4단계의 수면을 거꾸로 진행하여 짧은 2단계 수면을 거친 다음 렘REM수면 또는 역설적 수면 상태로 들어간다. 이런 수면 상태를 역설적 수면이라고 부르는 것은 깨어 있을 때와 똑같이 알파파와 베타파를 내기 때문이다. 렘수면은 다음과 같은 특징을 가지고 있다.

- 빠른 안구 운동

- 알파파와 베타파

- 꿈(렘수면에서 깨어나면 꿈을 기억할 수 있다.)

- 근육의 마비

- 남성과 여성의 성기가 발기됨

- 심장박동이 빨라지고, 혈압이 높아지며, 신진대사가 빨라진다.

어른은 보통 하루 밤에 네 번 내지 다섯 번의 렘수면을 경함한다. 이것을 모두 합하면 렘수면 시간은 한 시간 반 정도이다.

토막지식

하룻밤을 자지 않으면 복잡한 일을 수행하는 능력이 현저하게 떨어진다. 3일 밤을 자지 않으면 환상을 보게 될 가능성이 커진다. 쥐를 20일 재우지 않으면 죽는다.

왜 우리는 자는가?

정답은 아무도 모른다. 여러 가지 이론이 제기되었지만 이들은 모두 결정적인 것이 아니라 가능성 있는 이론들이다.

기억 강화: 잠과 기억은 여러 가지로 밀접한 관계가 있다는 증거가 많이 발견되었다. 예를 들면 잠을 자지 못하게 하면 작

꿈속에 나타난 것들, 존 앤스터 피츠제럴드(John Anster Fitzerald, 1858년경)의 '꿈 그림' 중 하나.

업 기억이 현저하게 손상된다.

진화에 유리: 잠을 자는 것이 진화에 유리한 데는 여러 가지 이유가 있다. 가장 설득력 있는 설명은 위험의 회피이론이다. 어둠 속에서 사냥하는 것에 익숙한 동물들은 낮에는 밖에 나 돌아다니지 않을 것이다. 잠은 포식자들이 활동하는 동안에 숨어서 지낼 수 있는 가장 간단한 방법이다.

회복: 잠이 신체 기능을 최상의 상태로 돌려놓는다는 증거가 있다. 예를 들면 잠을 자지 않으면 면역체계의 기능이 저하되고, 신진대사가 증가하며, 치료 속도가 느려진다.

발달: 잠이 아동 시기의 발달에 중요한 역할을 한다는 것을 보여주는 자료들이 있다. 아이들이 어른들에 비해 긴 시간 동안 잠을 자는 것은 발달과 관련이 있다.

꿈과 지그문트 프로이트^{Sigmund Freud}

지그문트 프로이트에 의하면 꿈은 욕망에 대한 변형된 표현이다. 그는 다음과 같은 분석 과정을 거쳐 이런 결론을 얻었다.

- 사람은 기본적으로 성적인 에너지인 리비도 에너지를 필요로 하는 존재이다. 리비도 에너지는 사람의 의식에 강력한 영향력을 가지고 있다.
- 현실에서는 리비도를 자유롭게 표현할 수 없도록 하는 제약이 있기 때문에 리비도에 대한 욕망이 억제되어 있다.
- 도덕적 금지사항들은 리비도와 항상 긴장 관계에 있다.
- 물리적 표현이 거부되면 리비도는 신경 증세나 꿈과 같은 다른 방법으로 표현된다.
- 잠을 자는 동안에 정신의 도덕적인 감시 기능이 약화되면 리

비도를 쉽게 표현하게 된다.

- 이것은 꿈속에서 가지는 모든 욕망은 위장된 형태로 나타난 것이라는 것을 의미한다. 노골적인 욕망은 꿈을 꾸는 사람을 불안하게 하고 잠을 깨게 하기도 한다.
- 따라서 꿈은 위장된 욕망의 충족이다. 꿈은 깊은 곳에 숨어 있는 것을 나타내며 꿈에는 숨겨진 의미가 있다.
- 전문 심리학자들의 '해몽'을 통해 꿈이 가지고 있는 숨겨진 의미를 찾아내고 이해할 수 있다.

성격과 무의식

현대인들의 일반적인 생각은 대부분 지그문트 프로이트나 칼 융Carl Jung의 연구와 관련이 있는 것으로, 성격의 무의식적인 면이 우리 행동을 제어하는 중요한 역할을 한다는 것이다.

프로이트

프로이트의 주요 논문들은 우리가 제어할 수 없는 역동적인 무의식에 의해 행해지는 행동들에 대한 것이다. 우리는 때로 의식적 의도와는 전혀 다른 행동을 한다. 성격에 무의식적인 면이 있다는 생각은 그다지 새로운 것이 아니다. 프로이트 이론의 새로운 점은 꿈의 해석이나 사용하는 단어를 분석하는 방법을 통하여 심리분석자가 무의식의 내용을 이끌어내는 것이 가능하다는 것이다. 생각이나 행동을 지배하는 무의식의 근원을 알면 무의식을 제어할 수도 있다는 희망을 가질 수 있다.

이에 따라 프로이트는 실제로 정신분석을 수행했다. 그의 생각의 많은 부분은 그의 임상 경험에서 얻은 것이다. 한 유명한 케이스 연구에서 그는 한스[Hans]가 말을 무서워하는 것은 사실은 아버지에 대한 두려움이 그 근원이라고 설명했다. 아버지에 대한 두려움은 어머니에 대한 오이디푸스적인 두려움이었다. 그것은 아버지를 어머니의 사랑 경쟁자로 보았기 때문이라는 것이다.

1920년대까지 프로이트는 사람 성격에 관한 3부설을 제안했

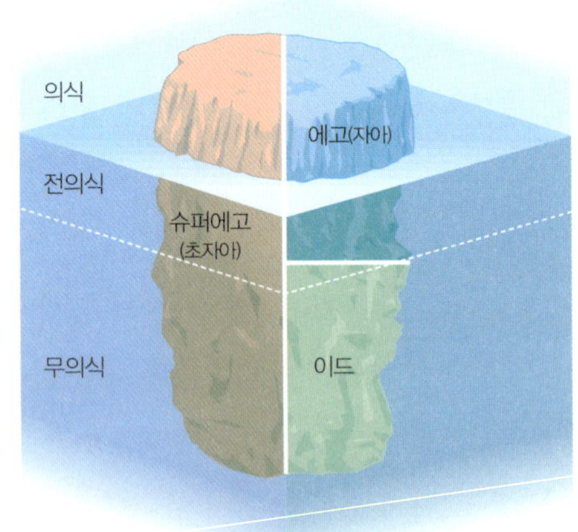

프로이트 모델에 의하면 논리적이고 의식적인 정신은 전체의 작은 부분에 지나지 않는다. 잠재되어 있는 비이성적인 이드와 초자아는 의식적으로 제어할 수 있는 영역 밖에 위치해 있다.

다. 3부설은 사람의 심리가 세 부분으로 이루어졌다는 것이다. 이드(사람의 본능), 자아 ego(이성적으로 의사결정을 하는 부분), 초자아 Superego(윤리적 감시 기능을 하는 부분)가 그것이다. 이드는 욕망의 즉각적인 만족을 추구하지만 '현실적인 규율' 안에서 자아가 이드의 욕망과 세상에 살아가기 위한 필요 사이에서 균형을 유지하도록 한다. 그 사람의 행동이 초자아의 관점에 받아들여질 만한 것일 때 초자아가 만족을 느낀다.

많은 종류의 심리적 장애는 성격의 이러한 여러 측면 사이의 긴장 관계 때문에 발생한다는 것이 프로이트의 주장이다. 이러한 긴장 관계를 밖으로 노출시켜 긴장으로 인한 피해를 줄이는 것이 정신분석자들이 할 일이라는 것이다.

융

융에 의하면 심리상태는 의식, 개인적인 무의식, 그리고 집단적인 무의식의 세 부분으로 이루어져 있으며 이들은 서로 상호작용한다.

의식은 직접적으로 개인이 알고 있는 심리적인 면이다. 융은 두 가지 형태의 성격이 존재한다고 주장했다. 그리고 대부분의 사람들은 자신의 성격 형태를 일생 동안 그대로 유지한다. '외향적'인 사람들은 리비도 에너지를 바깥세상을 향해 표출하고, '내향적'인 사람들은 리비도 에너지를 안으로 표출하여 주관적인 느낌과 경험에 집중한다.

융의 무의식 치료방법은 비정통적인 방법이다. 그는 조상들이 그랬던 것처럼 사람들은 세상을 향해 자신을 나타내도록 되어 있다고 주장한다. 이러한 타고난 집단적 무의식의 원리를 '원형archetype'이라고 부른다. 여기에는 다음과 같은 것들이 포함된다. 세상에 내보이는 우리의 모습인 '개성', 우리의 동물적 본능의 근원인 '그림자', 우리의 성격을 구성하는 조직 원리인 '자아', 남성 안에 포한된 여성성인 '아니마', 여성 안에 포함된 남성성인 '아니무스'가 그것이다.

불행하게도 융의 이론에는 커다란 결함이 있다. 조상의 기억이 유전될 수 있다는 생각은 유전이 작동하는 방법을 알게 되면서 배제되었다. 융의 이론은 획득된 특성(기억)이 유전되는 것을 필요로 하는데 적어도 직접적인 방법으로는 이것이 가능하지 않다. 아버지가 어릴 때부터 프랑스어를 배웠어도 아들이 프랑스어를 할 수 없는 것은 이 때문이다.

변형된 의식

아마도 사람들이 자신의 의식 상태를 변화시키는 가장 일반적인 방법은 약물을 이용하는 방법일 것이다.

알코올

제목	반응
행동	이해력 감소, 신경전달물질을 방해하는 GABA의 효율을 증가시켜 뉴런의 활동성을 저하시키는 것으로 보인다.
효과	알코올은 억제제여서 잠이 오게 하고, 운동기능과 언어기능을 저하시키는 등의 작용을 한다. 알코올이 도파민의 생성을 증가시켜 기분 좋은 감정을 느끼게 한다.

카페인

제목	반응
행동	정상적으로 뉴런의 활동성을 제한하는 아데노신의 작용을 억제하는 기능을 한다. 아데노신의 양이 줄어들면 혈액 속으로 들어가는 아드레날린의 양이 많아진다.
효과	각성 상태를 강화하고, 심장박동, 혈압, 호흡을 증가시킨다. 부작용으로 수면부족, 불안, 초조와 같은 현상이 나타날 수 있다.

대마초

제목	반응
행동	활동적인 인자인 테트라하이드로카나비놀(THC)이 뇌의 카나비노이드 수용체-1(CB1)과 결합한다. CB1 수용체는 뇌에 널리 퍼져 있기 때문에 THC는 넓은 범위에서 효과를 나타낸다. 정확하게 CB1이 어떻게 효과를 나타내는지는 알려져 있지 않다.
효과	카나비스는 매우 다양한 효과를 나타낸다. 행복감, 변화된 지각능력, 감정의 이완, 배고픔, 기면상태, 즐거운 감정, 피해망상, 고통 해소.

헤로인

제목	반응
행동	헤로인은 오피에이트(아편)이다. 뇌는 정상적인 고통 해소 호르몬인 엔돌핀과 결합하는 오피에이트 수용체를 가지고 있다. 이 수용체에 결합하여 해로인은 특히 선상체라고 불리는 뇌의 부분에 작용한다.
효과	헤로인은 강력한 행복감을 만들어내 통증을 완화시키지만 불행하게도 여러 가지 부작용을 가지고 있다. 여기에는 호흡곤란, 혼수상태와 사망도 포함된다. 게다가 헤로인은 중독성이 강하다. 장기간 사용하면 내성이 생겨 더 많은 양을 사용해야 같은 효과를 볼 수 있다.

LSD(Lysergic acid diethylamide)

제목	반응
행동	확실하게 알려지지 않았다. LSD가 뇌에서 도파민이나 세라토닌과 결합하는 것으로 알려져 있다. LSD의 효과는 LSD가 세라토닌의 행동과 비슷한 행동을 하는 것과 관련이 있을 것으로 추정된다. LSD에 의해 가장 많은 영향을 받는 부분은 대뇌피질과 청반이다.
효과	예측이 불가능하다. 환상, 강화된 감각 경험, 각성 상태의 강화, 행복감, 두려움, 불안, 피해망상, 급격한 기분 변화, 정신병, 혈압상승, 땀을 흘림, 떨림.

니코틴

제목	반응
행동	니코틴이 혈액을 통해 뇌에 전달되는 데는 약 7초가 걸린다. 뇌에서 니코틴은 니코틴 아세틸콜린 수용체와 결합하여 에피네프린, 노르에피네프린, 도파민을 증가시킨다.
효과	니코틴은 각성제로, 심장박동, 혈압, 집중력, 학습능력을 증가시킨다. 약한 상태의 행복감을 만들기도 한다. 식욕부진을 유발하여 체중을 감소시키기도 한다.

혼수상태

대부분의 혼수상태는 뇌가 외상을 입어 넓은 부위가 손상되었을 때 나타난다. 글래스고 코마 스케일(글래스고 혼수상태 척도)은 세 가지 시험을 통해 혼수상태의 정도를 파악한다. 세 가지 테스트의 점수를 합하여 점수가 높을수록 혼수상태의 정도가 낮다. 점수가 3이면 가장 심한 혼수상태이고, 15는 완전히 깨어 있는 상태를 나타낸다.

글래스고 코마 스케일

점수	눈	말	운동
6	해당 없음	해당 없음	명령에 따라 움직인다.
5	해당 없음	상대를 보고 정상적으로 대화한다.	고통스런 자극의 부위를 안다.
4	스스로 눈을 뜬다.	혼란스럽고, 상대를 보지 않는다.	고통스런 자극에 반응하여 몸을 움츠린다.
3	목소리에 반응하여 눈을 뜬다.	적절하지 않은 단어를 말한다.	고통스런 자극에 대해 비정상적인 반응을 보인다.
2	고통스런 자극에 반응하여 눈을 뜬다.	알아들을 수 없는 소리를 낸다.	고통스런 자극에 대해 몸을 뻗는다.
1	눈을 뜨지 않는다.	아무 소리도 내지 않는다.	움직이지 않는다.

더 오랫동안 혼수상태에 있을수록 사망 가능성은 높아지고, 깨어날 가능성은 적어진다. 대뇌피질에서는 거의 아무런 활동을 보이지 않는 식물인간 상태(PVS 상태)에 대한 흥미로운 사실은 뇌간과 같은 뇌의 하부 구조는 제기능을 하여, 환자는 의식이 없는 상태에서도 눈을 뜨고, 신음소리를 내며, 이를 간다는 것이다.

가장 심한 혼수상태는 뇌가 전혀 기능을 하지 않는 뇌사상태이다. 어떤 종류의 자극에도 아무 반응이 없고, 모든 종류의 뇌파도 측정되지 않는다. 이것은 진화의 가장 위대한 결과물로 인류를 자연계의 가장 높은 자리로 올라가도록 한 뇌의 기능이 완전히 정지되었음을 의미한다.

IQ 테스트 질문 해답 (90페이지)

1. 모양 3

해설: 각 열과 행(수평방향과 수직 방향)의 가운데 모양은 그 행이나 열에 있는 다른 두 모양을 합한 모양이다. 단, 원이 겹쳐지는 경우에는 원을 지운다.

2. (c), 48분

3. (d), 펠레우스

해설: 그리스 신화가 이 문제의 핵심이다. -프리암은 파리스의 아버지이다. 펠레우스는 아킬레스의 아버지이다(이 문제의 답을 알기 위해서 아킬레스의 아버지 이름을 알 필요는 없고 펠레우스가 도시가 아니라는 것만 알면 된다).

참고도서

Finger, Stanley, *Minds Behind the Brain-A History of the Pioneers and Their Discoveries*, (Oxford University Press, 2000)

Clark, Mary E, *In Search of Human Nature*, (Routledge, 2002)

Forgas, Joseph P. (ed.), *Handbook of Affect and Social Cognintion*, (Lawrence Erlbaum Associates, 2001)

Gibb, Barry J, *The Rough Guide to the Brain*, (Rough Guides, 2007)

Gellatly, Angus and Zarate, Oscar, *Introducing Mind and Brain*, (Totem Books, 2003)

Nolte, John, *The Human Brain: An Introduction to its Functional Anatomy*, (Mosby, 2002)

Gleitman, Henry, *Psychology (7th Edition)*, (W. H, Norton, 2007)

Bear, Mark F, Connors, Barry and Paradiso, Michael, *Neuroscience: Exploring the Brain (3rd Edition)*, (Lippincott Williams and Wilkins, 2006)

참고 웹사이트

Neuroscience for Kids: faculty.washington.edu/chudler/neurok.html
Know Your Brain:
www.ninds.nih.gov/disorders/brain_basics/know_your_brain.htm

찾아보기

손안의
브레인 Brain

이미지 저작권

표지이미지 : 본문 이미지를 사용했습니다.

본문이미지 :

Richard Burgess: p. 15, 21, 26, 59, 65, 66, 90, 101, 126, 168
Center of Neuro Skills: p. 18
Dreamstime: p. 63
Getty Images: p. 156, 165
Richard Haier: p. 99
Istock: p. 10, 36, 50, 55, 56, 113, 116, 152
Photolibrary: p. 107
Diana Reiss: p. 161
Science Photo Library: p. 12, 40, 43, 47, 51, 77, 80, 119, 138
Paul Thompson/UCLA School of Medicine: p. 73
University of Wisconsin-Madison (USA) Comparative
    Mammalian Brain Collections, Wally Welker, Curator;
    www.brainmuseum.org,
    with support from the US National Science Foundation:
    p. 71